Traité de Philosophie et de Psychologie

Émile Durkheim

Traité de Philosophie et de Psychologie

La Science et la Philosophie (Tome 1)

Editions Le Mono

Collection « *Connaissance de l'Homme et de la Société* »

© Editions Le Mono, 2016
www.editionslemono.com

ISBN : 978-2-36659-176-7
EAN : 9782366591767

Chapitre I
Objet et méthode de la philosophie

Qu'est ce que la philosophie? Le mot est fréquemment employé. Par cela même, il donne une idée grossière, mais simple de ce qu'il signifie. Philosopher, c'est réfléchir sur un ensemble de faits pour en tirer des généralités. Philosophie, en un mot, veut dire réflexion et généralisation. C'est ainsi que l'on dit: la philosophie de l'art, la philosophie de l'histoire.

En examinant la forme de la philosophie, le genre de réflexion qui lui convient - ce qu'on appelle: l'esprit philosophique - on voit qu'on peut le définir ainsi: il consiste dans le besoin de se rendre compte de toutes ses opinions, jointe à une force d'intelligence suffisante pour satisfaire plus ou moins ce besoin. La qualité caractéristique de l'esprit philosophique est la libre réflexion, le libre examen. Réfléchir librement, c'est se soustraire quand on réfléchit à toute influence étrangère à la logique. C'est raisonner en ne reconnaissant d'autres autorités que les règles de cette science et les lumières de la raison.

Les deux caractères principaux de l'esprit philosophique sont donc la tendance à réfléchir pour généraliser et la liberté dans la réflexion.

De cette dernière condition s'ensuit nécessairement qu'on ne saurait confondre la philosophie avec les religions. La religion admet, outre le témoignage de la raison, l'autorité de la tradition historique. La philosophie ne connaît que les questions et les solutions relevant de la seule raison. Leurs domaines sont donc nettement distincts.

En étudiant les divers systèmes des philosophes, on s'aperçoit que la réflexion philosophique a, suivant les temps et les circonstances, procédé de deux manières différentes. En d'autres termes, il y a deux formes d'esprit philosophique. Tantôt il procède par analyse; il se rapproche alors de la méthode mathématique. Ce genre d'esprit consiste à prendre pour point de départ du système une idée évidente ou admise comme telle, et d'y rattacher toutes les idées secondaires de manière à former une série ininterrompue; tirant de la première idée une seconde, de cette seconde une troisième, et ainsi de suite; de telle sorte que la première étant admise, toutes les autres en sortent sans solution de continuité. C'est en cela, par exemple, que consiste l'esprit cartésien.

L'autre forme de l'esprit philosophique est synthétique, et laisse une place bien plus grande à l'inspiration et à l'imagination. Sans avoir besoin d'ordre mathématique, les esprits de ce genre voient les faits dans leur ensemble, et s'y attachent spécialement. Ils préfèrent les vastes hypothèses qui groupent les faits à l'analyse qui les dissèque. Au lieu de classer leurs idées en séries, ils en font un ensemble qu'on puisse embrasser d'un coup d'œil. Tel, est par exemple, l'esprit platonicien.

Nous connaissons maintenant la forme, l'extérieur de la philosophie. Reste à la définir par son objet. On a proposé diverses définitions.

Bossuet dit: "La philosophie est la science de l'homme et de Dieu." - Cicéron la définit: "La science des choses divines et humaines." - Aristote: "la science des premières causes et des premiers principes." - On a dit enfin: "La philosophie est la science de l'absolu."

On peut faire voir que toutes ces définitions reviennent au même. Il faut d'abord pour cela définir "absolu." On appelle absolu ce qui est par soi-même, ce qui ne dépend de rien, ce qui est sans relation aucune. L'absolu serait indépendant de l'espace et du temps.

Sachant cela, montrons que toutes ces définitions donnent pour objet à la philosophie l'absolu. En effet, la première cause c'est l'être ou les êtres d'où vient toute la réalité. Le premier principe, c'est la loi la plus générale qui a présidé à ce développement. Rechercher la première cause et le premier principe, c'est rechercher le primitif, l'absolu, tant dans le monde de la connaissance que dans celui de l'existence. Or, dans le premier, quel est l'absolu? C'est l'esprit de l'homme. Dans le second? C'est Dieu. Toutes ces définitions viennent donc à celle-ci: La philosophie est la science de l'absolu.

Voici maintenant à quelles objections cette définition est exposée.

Elle assigne pour but à la philosophie ce qui n'en est que le dernier mot, la dernière hypothèse, nécessaire peut-être pour donner la raison de certains faits, mais qui ne saurait en tout cas être prise pour point de départ. L'absolu n'est évidemment pas ce que l'on recherche en commençant la philosophie, on n'a dès lors aucune raison de le faire figurer dans la définition de la philosophie.

Il y a d'ailleurs des systèmes philosophiques importants, le positivisme par exemple, qui n'admettent pas l'existence de l'absolu. On ne saurait exclure de la philosophie des systèmes qui agitent les mêmes questions que les autres et n'en différent que par la manière de les résoudre. On ne saurait donner pour objet à la philosophie une chose dont l'existence même est en question.

Comment donc définir la philosophie?

Quand on considère les faits dont s'occupe cette science, on voit que ce sont tous des phénomènes ayant trait à l'homme, et, dans l'homme, à ce qui n'a rien de physique, à ce que n'étudient en aucune façon les sciences positives. Le domaine de la philosophie est l'homme intérieur.

De quoi se compose l'homme intérieur? De faits qui ne tombent point sous les sens, mais nous sont connus par une sorte de sens intime qu'on nomme conscience.

La perception de ces faits modifie la conscience comme la perception matérielle modifie les sens qui lui sont soumis. Aussi désigne-t-on ces faits sous le nom d'états de conscience.

La philosophie est donc la science des états de conscience.

Mais cela ne suffit pas. Les faits psychologiques qu'on appelle états de conscience sont relatifs, au moins par rapport au temps. Dès lors, la philosophie, par sa définition serait enfermée dans le domaine du relatif. L'étude de l'absolu en serait exclue. La métaphysique, imposée à tort par les définitions ci-dessus étudiées, serait, à tort également, interdite par celle-ci.

Il faut donc la modifier ainsi: "La philosophie est la science des états de conscience et de leurs conditions."

Cette définition convient à tous les systèmes. L'absolu est-il, n'est-il pas une des conditions des états de conscience? La chose reste à étudier ultérieurement. Mais en tout cas, la définition que nous venons de donner autorise la philosophie à s'en occuper si elle juge cette hypothèse nécessaire.

Le but de la philosophie est maintenant déterminé: c'est l'étude des états de conscience et de leurs conditions. Mais comment la philosophie procédera-t-elle à cette étude? En un mot, quelle sera sa méthode? Cela reste encore à déterminer.

Les différents systèmes ont fait à cette question différentes réponses. De nos jours s'est formée une école, l'école éclectique, qui soutient que la meilleure méthode serait de concilier les différents systèmes. Cette école, qui sans être encore organisée, avait été déjà représentée dans l'antiquité par la Nouvelle-Académie et par Cicéron, dans les temps modernes par Leibniz qui en recommande souvent le procédé principal, cette école n'est arrivée à une organisation définitive qu'avec Victor Cousin. Ce célèbre philosophe en a donné les principes et la méthode, qui d'ailleurs n'a jamais encore été employée d'une manière suivie.

Voici en quoi consiste la théorie éclectique.

Suivant Cousin, la vérité n'est plus à chercher. Elle est trouvée. Seulement, elle est disséminée dans les différents systèmes philosophiques parus jusqu'à présent. Il n'y a donc qu'à extraire de partout où ils se trouvent, ces fragments de vérité épars et mêlés à l'erreur, et à les réunir pour en former un système dont les doctrines seront la vérité même.

Mais où trouver le critérium permettant de distinguer la vérité de l'erreur? Selon Cousin, les systèmes n'ont tous pêché que par étroitesse d'esprit, par trop grand exclusivisme. Quand ils affirment, ils disent vrai. Quand ils nient, ils se trompent. Les idéalistes disent que l'esprit est l'unique agent de la connaissance. Les sensualistes affirment qu'elle vient uniquement de la sensation. Ce sont seulement, pensent les éclectiques, les mots: unique, uniquement qui font l'erreur. La connaissance provient à la fois des sens et de l'esprit.

Ce système, qui semble se recommander au premier abord, par la largeur de ses vues, est soumis à bien des objections: sans compter que, par son principe même, il nie le progrès futur de la science philosophique, le critérium proposé est vague; où placer la limite exacte qui séparé dans les systèmes l'affirmation de la négation? Il y a bien des cas où cette division ne pourrait être faite qu'arbitrairement. Aussi les éclectiques proposent-ils un second critérium, le sens commun. Ce critérium, de leur propre aveu, dérive du premier: si les solutions du sens commun sont supérieures à celles de la philosophie, c'est, disent-ils, parce qu'elles sont plus larges: "Si le sens commun," dit Jouffroy, "n'adopte pas les systèmes des philosophes, ce n'est pas que les systèmes disent une chose et le sens commun une autre, c'est que les systèmes disent moins et le sens commun davantage. Pénétrez au fond de toutes les opinions philosophiques, vous y découvriez toujours un élément 'positif' que le sens commun adopte et par lequel elles se rallient à la conscience du genre humain." On peut remarquer dans ce passage le mot positif, qui marque bien les rapports des deux critériums proposés.

Cette méthode soumet donc entièrement la philosophie au sens commun. Or, le sens commun n'a aucune rigueur philosophique. Il ne s'est pas formé d'après les règles de la logique; il se compose des opinions qui se sont développés sous les mille influences du caractère du climat, de l'éducation, de l'hérédité, de l'habitude. Le sens commun est inconscient: le sens commun n'est donc qu'un ensemble de préjugés.

L'opinion de sens commun est nécessaire à l'homme pour se guider dans les circonstances ordinaires de la vie. C'est même là ce qui le distingue surtout de la philosophie: le sens commun est avant tout pratique, le propre de la philosophie au contraire est la spéculation. Par là même, le sens commun est sans cesse cause d'erreur: à Galilée affirmant le mouvement propre de la terre où objectait le sens commun qui en reconnaissait l'immobilité. Donc comme critérium philosophique, le sens commun doit être absolument rejeté.

Est-ce à dire qu'il n'en faille pas tenir compte? Du tout. Le sens commun doit être respecté comme un fait, qui a ses raisons d'exister. On peut se mettre en contradiction avec lui, mais à la condition expresse de démontrer comment s'est formée et s'est répandue l'erreur commune. Si le sens commun contredit une hypothèse, c'est qu'il y a des raisons à cela; et fut elle très solidement établie sur tous les autres faits cette hypothèse gardera un certain manque de fermeté, si elle ne peut expliquer ces raisons qui ont égaré l'opinion du vulgaire.

Il y a contre l'éclectisme une seconde objection. Le sens commun est large. Il pourra fort bien, dans différents systèmes admettre comme ne lui répugnant pas, des solutions contradictoires, et alors qui décidera en dernier ressort? Et quand même cela ne se produisait pas, comment des pièces, des lambeaux de philosophie déchirés çà et là, pourrait-on faire un système un, solide, et bien ajusté? Les différentes théories qui le composeront n'étaient pas faites les unes pour les autres: ce sera donc encore tout un travail que de les réunir, travail pour lequel la méthode n'est même pas encore fixée. L'éclectisme ne saurait donc être un système bien construit, sur un plan fixe: et la preuve en est dans ce fait même que ses critériums ont bien pu servir à trancher des questions particulières mais que Cousin lui-même n'a jamais tenté de bâtir avec eux une philosophie complète.

Puisque l'éclectisme ne donne pas la vraie méthode de la philosophie, où la trouverons-nous donc?

Une autre école, l'école idéaliste, propose la méthode déductive ou a priori. Il faut chercher, dit-elle, l'idée la plus générale, l'idée première d'où dépendent toutes les autres, et de même que des définitions qu'il fait accepter en commençant, le mathématicien déduit tout le reste, en faisant voir que tout est contenu dans la définition primordiale, de même de cette idée première le philosophe doit tirer toutes les autres, qui y sont contenues. - Spinosa a donné l'exemple le plus frappant de cette méthode. Son ouvrage est écrit avec tout l'appareil mathématique: définitions, théorèmes, corollaires, etc. La méthode a été reprise depuis par Fichte, Schelling, Hegel. Mais ces divers philosophes n'ont plus employé la forme mathématique de Spinosa.

Cette méthode a un grave défaut. C'est de mettre l'expérience absolument en dehors de la méthode philosophique. Dans les sciences, il faut expliquer des faits donnés, non inventer une série d'idées se déroulant et se déduisant les unes des autres sans s'inquiéter si elles cadrent avec la réalité.

La méthode déductive peut convenir au mathématicien, qui travaille sur des figures idéales qui peuvent indifféremment avoir ou n'avoir point d'existence en dehors de l'esprit. Mais c'est de toute autre façon que travaille le philosophe. Il étudie des états de conscience qui sont des faits. Les faits ne s'inventent pas. Il faut les observer et les étudier. La méthode idéaliste qui prétend supprimer les faits et raisonner à leur propos, mais sans se soucier de les étudier, doit donc être écartée comme trop exclusive.

La critique de la méthode déductive nous montre que l'étude des faits eux-mêmes est nécessaire à la philosophie. Mais fait-elle toute la philosophie? La méthode qui prétendrait que toute connaissance provient des sens serait elle plus légitime que celle qui fait provenir toute connaissance de l'esprit?

L'école empirique le croit. La philosophie, selon elle, doit se contenter d'observer les phénomènes, de les classer, et de les généraliser. Elle doit se confiner dans cette étude et dégager seulement les lois générales qui régissent les phénomènes.

On ne saurait admettre des conclusions aussi absolues. La philosophie est une science, et il n'est pas de vraie science, cherchant à expliquer son objet, qui puisse vivre uniquement d'observation. Ce procédé par lui même est, sinon absolument stérile, du moins peu fécond. L'observation n'est que la constatation des faits: la généralisation qui en est le complément nécessaire ne fait que dégager des phénomènes leurs caractères communs. Encore faut-il que ces caractères soient très apparents, avec des lois très simples. L'observation montre que les corps sont pesants, mais elle ne saurait donner la loi de la gravitation. Sitôt que les faits deviennent tant soit peu complexes, l'observation ne peut plus suffire à trouver la loi. Il faut donc que l'esprit intervienne et fasse pour la trouver ce qu'on appelle une hypothèse.

Ceci nous amène à la véritable méthode philosophique: cette loi que l'observation ne pouvait trouver, l'esprit l'invente, en fait une hypothèse. Cette hypothèse faite, pour lui donner force de loi, il faut la vérifier: c'est là que se produit l'opération caractéristique de cette méthode: l'expérimentation. Expérimenter, c'est observer pour contrôler une idée préconçue, s'assurer si les faits confirment ou non la supposition de l'esprit. Si oui, si les faits se produisent tous comme ils le doivent faire dans l'hypothèse étudiée, si surtout elle fait découvrir de nouveaux faits encore inconnus, elle voit sans cesse diminuer son caractère hypothétique. Mais elle ne perd jamais entièrement ce caractère: il est clair en effet que tous les phénomènes qui s'y rapportent ne sont pas observés, et il suffirait qu'un seul contredit l'hypothèse pour nécessiter son changement. - Au reste, toutes les sciences qui expliquent leur objet précédent ainsi, et ce sont les hypothèses qui ont fait faire à la science les plus grands pas (hypothèse de la gravitation, des fluides électriques, etc).

La véritable méthode philosophique est donc la méthode expérimentale qui comprend trois parties:

1. observation, classement et généralisation des faits

2. invention d'hypothèses

3. vérification par l'expérimentation des hypothèses inventées

Cette méthode tient le milieu entre les méthodes déductive et empirique. D'après les idéalistes, l'esprit est tout. D'après les empiriques, l'observation est tout. La méthode expérimentale, contrairement aux idéalistes, commence par observer. Contrairement aux empiriques, elle invente ensuite une loi que l'esprit tire de lui même, et qu'elle vérifie ensuite encore une fois par les faits. A ceux-ci appartiennent donc le premier et le dernier mot, mais l'esprit est l'âme de la méthode. C'est l'esprit qui crée, qui invente, mais à condition de toujours respecter les faits.

Chapitre II
La science et la philosophie

On a souvent agité la question de savoir si la philosophie était une science, dans quelle mesure elle en était une, et quels étaient ses rapports avec les autres sciences. Pour en trouver la solution, il faut d'abord définir la science. Au premier coup d'œil la science nous apparaît comme un système de connaissances. Mais ce système a un ordre spécial qu'il faut déterminer. Pour y arriver, voyons quel est le but de la science. Elle a un double but: D'une part elle doit satisfaire un besoin de l'esprit; de l'autre, elle est destinée à faciliter et à améliorer la pratique. Ce besoin de l'esprit c'est l'instinct de curiosité, la passion de savoir. Enfin la science a toujours sinon pour but, du moins pour résultat, d'améliorer les conditions matérielles de l'existence, par cela même qu'elle facilite et améliore la pratique en expliquant la théorie.

Elle atteint ce double but par un seul moyen, l'explication. En expliquant les choses, la raison satisfait de la manière la plus complète et la plus parfaite possible l'instinct de curiosité. Savoir que les faits existent est un premier plaisir, mais savoir pourquoi ils existent, les comprendre, c'est là une satisfaction d'ordre supérieur. On peut se représenter la science comme une lutte entre l'intelligence et les choses. Suivant que l'intelligence est victorieuse ou vaincue, elle est satisfaite ou elle souffre. Elle est surtout heureuse quand elle peut saisir tout entière la chose qu'elle examine, la comprendre, la faire sienne pour ainsi dire. C'est là l'idéal de l'explication. Ainsi expliquer est le meilleur moyen de satisfaire l'instinct de curiosité. C'est aussi le meilleur moyen d'atteindre le second but de la science en rendant les choses plus facilement utilisables. Quand nous connaissons une chose à fond, nous pouvons beaucoup mieux et beaucoup plus utilement nous en servir que si nous connaissons uniquement son existence. Par cela même que la chose expliquée et comprise est bien connue, nous nous en servons beaucoup mieux que d'une chose étrangère. Tandis que la chaleur, par exemple, dont on connaît bien les lois, a donné naissance aux applications les plus utiles, on ne retire que peu d'utilité de l'électricité dont on ne connaît ni la nature ni les véritables lois et dont l'emploi est presque entièrement empirique.

Ainsi donc, le meilleur moyen d'arriver à son but pour la science étant d'expliquer, on peut dire: l'objet de la science est d'expliquer.

Mais il y a deux formes de sciences et deux manières d'expliquer. Les mathématiques expliquent en démontrant, c'est à dire en faisant voir que le théorème à prouver est compris dans un autre déjà prouvé, qu'énoncer l'un, c'est énoncer l'autre, que l'un, en un mot, est identique à l'autre. De montrer mathématiquement, c'est donc établir une identité entre le connu et le cherché. Donc, les mathématiques expliquent au moyen de rapports d'identité. Comment démontre-t-on que les trois angles d'un triangle sont égaux à deux droits? En faisant voir que dire:

1. que les angles alternés, internes et correspondants sont égaux et;

2. que la somme des angles faits autour d'un point du même côté d'une droite, valent deux droits; et

3. dire que la somme des angles d'un triangle vaut deux droits, c'est la même chose.

Or, les deux premières propositions étant vraies, il s'ensuit nécessairement que la troisième, qui leur est identique, est vraie aussi.

Les sciences physiques expliquent autrement: ce ne sont plus des rapports d'identité, mais des rapports de causalité qu'elles établissent. Tant qu'on ne voit pas la cause d'un fait, il est inexpliqué, et l'esprit n'est pas satisfait. On en fait voir la cause, et aussitôt l'esprit est satisfait le fait est expliqué.

On peut donc généraliser et dire: l'objet de la science est d'établir des rapports rationnels - rapports d'identité ou de causalité - puisque nous avons établi qu'elle avait pour but d'expliquer, et qu'expliquer, c'était établir entre les choses des rapports d'identité ou de causalité.

Connaissant tout cela, voyons quelles conditions doit remplir un système de connaissances pour mériter d'être appelé science.

Il faut avant tout qu'il ait un objet propre à expliquer, que cet objet ne se confonde avec celui d'aucune autre science, et qu'il soit bien déterminé. Comment expliquer, alors que la chose à expliquer n'est pas définie?

En second lieu, il faut que cet objet soit soumis soit à la loi d'identité, soit à celle de causalité, sans quoi il n'y a pas d'explication possible et par conséquent, pas de science.

Mais ces deux premières conditions ne suffisent pas: en effet, pour pouvoir expliquer un objet, il faut qu'il nous soit accessible de quelque façon. S'il nous était inaccessible, nous ne pourrions en faire la science. Le ou les moyens dont doit disposer l'esprit pour pouvoir aborder l'étude de cet objet composent la méthode. La troisième condition à remplir pour une science c'est donc d'avoir une méthode pour étudier l'objet.

Au moyen de ces principes, examinons maintenant si la philosophie est une science.

Elle a un objet propre, bien défini et dont ne s'occupe aucune autre science: les états de conscience. La première condition est donc remplie. - Les faits qui constituent son objet sont soumis à des rapports rationnels: l'on ne saurait prétendre que les états de conscience échappent à la loi de la causalité. La seconde condition est donc également remplie. - Enfin, la philosophie a sa méthode, la méthode expérimentale: elle remplit donc les trois conditions nécessaires à obtenir le titre de science et peut-être à juste titre regardée comme une science.

La philosophie étant reconnue pour une science, quels sont les rapports avec les autres sciences?

A l'origine de la spéculation, les philosophes, par excès de confiance, ont cru que cette science comprenait toutes les autres, que la philosophie, à elle seule, menait à la connaissance universelle. Les sciences ne seraient dès lors que des parties, des chapitres de la philosophie.

La définition de la philosophie et la preuve de ses droits au titre de science distincte suffisent à montrer que cette théorie ne saurait être admise.

De nos jours s'est produite une autre idée: on a soutenu que la philosophie n'avait pas d'existence propre et n'était que le dernier chapitre des sciences positives, la synthèse de leurs principes les plus généraux: telle était, par exemple, la pensé d'Auguste Comte.

Il n'y a qu'à invoquer - encore la définition de la philosophie pour réfuter cette théorie. La philosophie à son objet propre, les états de conscience, objet indépendant de celui de toutes les autres sciences. Là, elle est chez elle, elle est indépendante, et si pour expliquer son objet elle peut emprunter aux autres sciences, elle ne se confond en tout cas avec aucune d'elles et n'en reste pas moins une science distincte au milieu des autres sciences.

Quels sont donc les rapports de la philosophie avec ces autres sciences? - Il y en a de deux espèces: les rapports généraux, qui sont les mêmes avec toutes les sciences; les rapports particuliers, qui sont différents pour chaque science particulière.

Examinons d'abord les rapports généraux. Les objets qu'étudient les différentes sciences positives n'existent pour nous qu'en tant qu'ils sont connus. Or, la science qui étudie les lois de la connaissance, c'est la philosophie. Elle se trouve donc ainsi placer au centre auquel viennent converger toutes les sciences, parce que l'esprit lui-même est placée au centre du monde de la connaissance. Supposons par exemple que la philosophie décide que l'esprit humain, comme le pensait Kant, n'a pas de valeur objective, c'est à dire ne peut pas atteindre les objets réel, voilà toutes les sciences condamnées par là même à être uniquement subjectives.

Passons aux rapports particuliers. Ils sont de deux sortes: la philosophie reçoit des autres sciences et leur donne.

La philosophie emprunte aux autres sciences un grand nombre de faits sur lesquels elle réfléchit et qui servent à faciliter l'explication de son objet. Par exemple, il est impossible de faire de la psychologie sans avoir recours aux enseignements de la physiologie. Quand on spécule sur les phénomènes extérieurs il faut bien prendre pour base des raisonnements que l'on fait les données de la physique et de la chimie.

D'autre part, pour se fonder et se construire les différentes sciences emploient différents moyens, suivant ce qu'elles ont à expliquer: les mathématiques ont la déduction; la physique, l'induction; l'histoire naturelle, la classification. Mais qui étudie ces procédés? C'est la philosophie. Elle en fait la théorie, elle voit à quelles conditions ils doivent être soumis pour donner des résultats justes. Dès lors, elle se demande comment ces différents procédés doivent être différemment combinés pour étudier les différents objets des différentes sciences. Elle cherche en un mot quelle est la meilleure méthode pour chaque science particulière. C'est même là le sujet d'une importante partie de la logique qu'on appelle Méthodologie.

Tels sont les rapports de la philosophie et des différentes sciences qui l'avoisinent.

Chapitre III
Divisions de la philosophie

Connaissant l'objet de la philosophie, nous prévoyons facilement que cet objet sera complexe: les états de conscience représentent des phénomènes de genres bien différents les uns des autres: pour en étudier l'ensemble il faudra donc plusieurs divisions de la science philosophique, plusieurs sciences particulières qu'il faut distinguer et classer.

Ces divisions ont beaucoup varié avec les différents systèmes, et c'est bien naturel, car elles dépendent très étroitement de l'esprit général du système. A l'origine de la spéculation grecque, la philosophie n'est pas divisée. Elle est l'ensemble des connaissances humaines intérieures et extérieures.

On ne sait si Socrate divisait la philosophie, ni comment il la divisait. Platon, qui nous a surtout fait connaître la philosophie de son maître, ne divise pas. Il est donc peu probable que Socrate le fit. La philosophie est synthétique. Il n'expose pas une partie bien distincte de son système dans chaque dialogue: ces œuvres contiennent l'étude de questions diverses, qui semblent n'avoir d'autre liaison que les hasards de la conversation.

Aristote est le premier a nettement divisé la philosophie. Il y voit trois sciences bien distinctes: « Toute l'activité humaine, dit-il, se manifeste sous trois formes différentes, savoir, agir, faire. De là se dégagent trois sciences: la *théorétique* qui a pour objet la spéculation; la *pratique*, qui se définit par son nom même; elle équivaut à ce qu'on appelle aujourd'hui la morale; enfin la *poétique*, qui a l'art pour objet. »

Après Aristote, cette division tombe en désuétude. A mesure qu'elle tend à disparaître, elle est remplacée par une autre qu'acceptent également les deux grandes écoles philosophiques d'alors, l'epicurisme et le stoïcisme. Voici cette division; elle comprend comme l'autre, trois parties. La physique science de la nature extérieure; la logique science des lois de l'esprit et de la connaissance; l'éthique ou morale.

Descartes, dans ces ouvrages, n'a jamais suivi de division bien stricte de la philosophie. Il y a pourtant chez lui une tentative de division, division plutôt de l'ensemble des connaissances humaines que de la seule philosophie: "Toute la philosophie est comme un arbre dont les racines sont la métaphysique. Le tronc est la physique et les branches qui sortent de ce tronc sont toutes les autres sciences qui se réduisent à trois principales: la médecine, la mécanique et la morale."

Toutes ces divisions ne peuvent cadrer avec la définition de la philosophie que nous avons établie, car elles embrassent un champ plus vaste que celui de la philosophie.

Depuis Victor Cousin, une nouvelle division s'est établie qui a prévalu et qui divise la philosophie en quatre parties: *Psychologie*, *Logique*, *Morale*,

Métaphysique. Cette division est de toutes la plus simple; c'est aussi la meilleure, et nous l'adopterons.

En effet, la définition de la philosophie comprend deux parties: les états de conscience et leurs conditions. Il faudra donc au moins déjà une division de la philosophie correspondant à chacune d'elles.

Mais les états de conscience ne peuvent être étudiés par une seule science. Il est nécessaire d'abord d'en déterminer les types importants, de connaître les espèces et les propriétés de chacun d'eux. Il y a donc d'abord place au commencement de la philosophie, pour une étude descriptive des états de conscience, science ayant pour but de les énumérer et de les réduire à leurs types principaux.

Cet inventaire fait, il faut étudier les états de conscience à un autre point de vue. Il en est une espèce, qui constitue la vie intellectuelle ou intelligence. Cette intelligence est faite pour aller à la vérité. Les règles auxquelles elle doit se soumettre pour ne pas se tromper forment la seconde partie de la philosophie, qu'on appelle la logique. La logique se distingue de la psychologie en ce qu'elle étudie non tous les états de conscience, mais quelques-uns et que, tandis que la psychologie ne fait que décrire, la logique explique les lois de la connaissance.

Il y a une autre catégorie de faits, qui ont entré eux des caractères communs de diverses sortes, et dont l'ensemble constitue l'activité. Il y aura lieu de se poser la question: Comment, à quelles conditions, l'activité fera ce qu'elle doit faire? Quelles sont les lois auxquelles elle doit être soumise?

C'est l'objet de la morale. Cette science, par son objet, est bien distincte de la logique et de la psychologie.

Restent enfin les conditions des états de conscience. Ces conditions font l'objet de la métaphysique.

Ces diverses parties de la philosophie devront être traitées dans l'ordre où nous venons de les exposer. Il est bien clair qu'avant d'étudier les états de conscience en détail, il faut en voir l'ensemble, et les décrire avant de les expliquer. La psychologie doit donc nécessairement être étudiée la première.

De même la métaphysique doit être étudiée la dernière: pour pouvoir examiner les conditions des états de conscience il faut les connaître entièrement, ce qui est l'objet des trois autres divisions de la philosophie.

Quant à la logique, qui reste encore, elle doit être placée avant la morale. En effet, elle traite les questions les plus importantes de toutes, et l'on ne peut bien raisonner qu'en connaissant les lois du raisonnement. Aussi faudrait-il, si possible, la placer la première de toutes. Mais comme on ne peut le faire, la psychologie ayant nécessairement la première place, il faut au moins lui donner la place la plus rapprochée possible de la première, et pour cela par conséquent la placer avant la morale.

Quatre sciences sont donc à distinguer dans la philosophie[1]:

1. la psychologie
2. la logique
3. la morale
4. la métaphysique

---

[1] Ce premier tome est consacré à la Psychologie. D'autres volumes aborderont la Logique, la Morale et la Métaphysique.

La Psychologie

Chapitre IV
Objet et méthode de la psychologie

L'objet de la psychologie, on le rappelle, est de décrire les états de conscience et les réduire à un certain nombre de types généraux. Mais les phénomènes qu'étudie la psychologie ont de *fréquentes relations* avec d'autres phénomènes dont il faut les distinguer. Sans se demander si le principe intellectuel est matériel ou non, on constate que le corps a d'étroits rapports avec l'âme. On peut presque dire que rien ne s'y passe qui n'ait son écho dans l'âme. Le fait d'ailleurs est réciproque. A cause de ces rapports, il faut déterminer avec exactitude les limites des domaines de la physiologie et de la psychologie.

Les faits physiologiques sont :

1. des phénomènes qui ont lieu *dans l'espace*, qui occupent une certaine partie de l'étendue, qui peuvent tous *se réduire à des mouvements*. Aussi peut-on les exprimer par des figures : pour dessiner un mouvement nerveux, il suffira d'avoir bien saisi ses différentes phases.

2. Les faits physiologiques se passant dans l'espace, peuvent être mesurés. On peut estimer mathématiquement la *quantité d'étendue* qu'ils occupent.

3. Les faits physiologiques sont inconscients : Sans doute nous avons conscience de leur résultat quand il aboutit dans l'âme, mais non du fait physiologique lui-même. Nous n'avons pas conscience des mouvements qui se produisent entre une partie de notre corps blessée et l'âme, nous n'en connaissons que le résultat, la douleur.

4. Enfin, nous ne nous attribuons pas les phénomènes physiologiques, nous ne les *rapportons pas au moi*. Nous disons bien : je souffre, mais la souffrance n'est que le résultat psychologique d'une lésion physiologique. Les phénomènes de ce dernier ordre, appartiennent non point à nous, mais à notre corps. Le corps seul digère et l'expression je digère, n'est qu'un abus de langage.

Les phénomènes psychologiques présentent les caractères exactement opposés :

1. *Ils ne sont pas dans l'espace* et ne peuvent pas par conséquent être ramenés à des mouvements. On ne peut se représenter une sensation comme on se représente un mouvement nerveux. Les sensations n'ont rien à voir avec l'espace et n'ont lieu que dans le temps.

2. Puisqu'ils ne sont pas dans l'espace, on ne peut *mesurer d'eux que leur durée*.

3. Les phénomènes psychologiques sont tous conscients et ne nous sont même connus que par là. Sans nous servir de sens, par la seule conscience

nous assistons à leur naissance et à leur développement.

4. Nous rapportons au moi tous les phénomènes psychologiques. Le moi n'en est pas toujours cause, mais en tout cas il se les attribue. Si l'on se blesse, la cause de l'état de conscience produit n'est pas le moi, mais la souffrance appartient évidemment au moi.

Ainsi, ces deux sciences, physiologie et psychologie sont bien distinctes. Chacune a son objet propre, très différent de celui de l'autre. Il n'y a donc pas lien de les confondre.

Comme de toutes les explications, *la méthode mathématique* est celle qui convient le mieux à l'esprit, on a essayé de l'appliquer à la psychologie. C'est dans ce but que Weber a fondé en Allemagne l'école *psychophysique*. L'objet des recherches de cette école est d'arriver à mesurer *l'intensité de la sensation*, la durée étant d'ailleurs facilement mesurable.

Voici les calculs de Fechner, le principal adepte de cette doctrine : Pour mesurer une chose, il faut avoir :

1. *un étalon de mesure* distinct de ce qui est à mesurer. Il faut

2. que la chose à mesurer soit mesurable.

Quel étalon de mesure trouvera-t-on pour la sensation ? Ce que Fechner appelle *l'excitation*, c'est-à-dire la cause extérieure produisant la sensation. En prenant des poids de différentes grosseurs, on sent bien qu'il y a un certain rapport de l'excitation à la sensation. *Calculer ce rapport* exactement, voilà ce que recherche la psychophysique.

Examinons maintenant si la sensation est mesurable. Dans les sensations, la psychologie distingue la *qualité* et *l'intensité*. Pour les sensations visuelles on aura par exemple une sensation rouge et une autre bleue. C'est là la différence de qualité. L'une est rouge vif, l'autre bleu pâle : elles diffèrent alors également d'intensité. Cette intensité semble être une quantité mesurable, et voici comment Fechner la mesure : ayant d'une part notre étalon et de l'autre notre sensation dont un élément au moins est mesurable, il reste une difficulté. Nous pouvons faire varier la quantité de l'excitation et savoir exactement de combien elle varie. Mais on ne peut apprécier directement de même les variations de la sensation. On les appréciera indirectement par "*les plus petites différences perceptibles de sensation.*"

Voici en quoi consiste la plus petite différence perceptible de sensation :

J'ai dans la main 100 gr. J'en ajoute un gramme ; je ne sens pas de différence ; j'en ajoute deux. Je n'en sens point encore de différence. J'augmente toujours ainsi jusqu'à ce que la différence de 100 gr. au poids ainsi formé soit appréciable. L'expérience établit qu'il faut pour cela ajouter au poids primitif un tiers (en moyenne) de ce poids. C'est là la plus petite différence perceptible.

Prenons cette plus petite différence pour unité. Nous désignons : 1 la sensation ; 1 l'excitation correspondante. Continuons l'expérience de façon à sentir encore une fois une sensation de différence. Cette sensation, étant la somme de la première et de la seconde sensation, chacune égale à l'unité vaudra elle-même 2, suivant Fechner. Continuons. Nous arrivons à dresser le tableau suivant :

Excitations	1	2	4	8	16	32	64	..
Sensations	0	1	2	3	4	5	6	..

De ces deux progressions on déduit la loi suivante :

La sensation varie comme le logarithme de l'excitation.

La valeur de cette loi a tout d'abord été *contestée au point de vue mathématique*. On est même arrivé à prouver que les calculs faits par Fechner pour la trôner renfermaient des inexactitudes. Mais ce qu'il y a de plus attaquable dans le système, c'est ce qui fait sa base même. De quelle droit prétendre que si la sensation produite par la plus petite différence perceptible vaut 1, la sensation produite par deux fois la plus petite différence perceptible vaut 2 ? Qui prouve que les deux sensations *s'additionnent, et ne se combinent pas* ? Le principe de la méthode est la mesurabilité des sensations : on ne saurait dire qu'une sensation soit double d'une autre. Les mathématiques, toutes les sciences ne mesurent que des lignes et des mouvements. Quand on dit qu'une force est *double* d'une autre, cela veut dire uniquement que, appliquées au même mobile et dans les mêmes conditions, si la première le fait marcher avec une vitesse a, la seconde lui exprimera une vitesse 2a. Supprimez le mobile, supprimez l'espace, on ne saurait mesurer ces forces par rapport l'une à l'autre. On ne peut donc mesurer que des résultats, des mouvements.

Mais ce qu'on prétend mesurer dans les sensations c'est *elles-mêmes*, non leurs résultats. Or, c'est impossible : elles sont en dehors de l'espace. On ne saurait donc mesurer que leur durée. Une sensation est autre qu'une autre, mais ne peut être établie en fonction d'elle.

On a fait encore une autre objection à la méthode psycho-physique : elle méconnaît les *conditions physiologiques* du phénomène psychique. *Fechner* et *Weber* n'établissent de relations qu'entre le phénomène psychique et son antécédent physique. Mais on oublie le phénomène physiologique qui se place entre deux, et qui est l'antécédent immédiat du fait psychique. Si le corps était un milieu sans action qui transmit sans altération l'excitation produite à l'âme, on pourrait le négliger comme le fait la psychophysique. Mais il est loin d'en être ainsi, et le corps en transmettant les faits physiques à l'âme les modifie beaucoup, et différemment, suivant les circonstances et les individus. En bonne méthode, il aurait donc fallu en tenir compte, et établir des relations d'abord entre les phénomènes physique et physiologique, puis entre les phénomènes physiologique et psychique. La méthode psychophysique, pour toutes ces raisons ne peut être admise.

Pour vaincre cette dernière difficulté, une autre école, celle de *Wundt*, s'est fondée sous le titre d'école *psycho-physiologique*. Elle ne rattache plus immédiatement les états de conscience aux phénomènes physiques, mais aux phénomènes physiologiques. Ce sera donc, suivant ce système, la physiologie qui fournira les moyens de faire la psychologie.

D'après Wundt, l'âme dépend du corps. La vie *consciente* de l'âme a ses racines dans la *vie inconsciente du corps*. Les antécédents immédiats de tous les phénomènes psychiques sont des phénomènes physiologiques. En outre Wundt a montré que sans mesure, il n'y avait pas de science possible. Il faut donc mesurer. Les philosophes qui lui ont succédé ont appliqué ce principe. Mais reconnaissant l'inutilité des efforts faits pour mesurer l'intensité, ils se sont contentés de mesurer la durée. Cette école a donc deux principes caractéristiques :

1. Elle établit des relations non entre la psychologie et la physique, mais entre la *psychologie* et la *physiologie*.

2. Elle étudie *la durée* et non *l'intensité*.

Mais cette école croit que le seul moyen d'étudier l'âme, c'est d'étudier ses relations avec le corps. C'est là qu'est l'erreur. Il peut y avoir assurément grand intérêt à cela. Mais les recherches de ce genre quelque utiles qu'elles puissent être, ne dispensent pas d'une science qui étudie *les faits psychologiques en eux-mêmes* ; il faut d'abord les connaître, en faire un inventaire exact, les décrire, les réduire à un certain nombre de types généraux ; et c'est là l'objet propre de la psychologie pure. Cette étude s'impose et l'on ne saurait la remplacer par une science établissant uniquement les rapports de l'âme et du corps.

En second lieu, nous ne proscrirons pas la psycho-physiologie ou toute science analogue. Mais comme elle a pour objet de ramener en quelque sorte l'âme au corps, il faut au préalable :

1. qu'une science indépendante ait été instituée pour étudier uniquement l'âme ;

2 qu'une science indépendante ait été instituée pour étudier uniquement le corps ;

3. il faut que chacune de ces sciences ait ramené les phénomènes qu'elle étudie à un ou plusieurs faits principaux, types et origines de tous les autres.

Ainsi, on parle beaucoup de ramener la physique à la mécanique : que faudrait-il pour cela ? Une science de la mécanique, ayant un seul objet : le mouvement ; une science de la physique, ramenant tous les phénomènes physiques à un seul, le mouvement. C'est ainsi seulement qu'on pourrait démontrer l'identité de ces deux sciences et des phénomènes qui les occupent. Il en est de même des phénomènes psychiques et physiologiques.

Ainsi donc, il faut, même si l'on veut assurer plus tard à une psychophysiologie quelconque, établir tout d'abord une science spéciale de l'âme, la physiologie pure.

De cette étude sur la psychophysique et la psychophysiologie sort donc une conclusion positive : il faut étudier les états de conscience en eux-mêmes et pour eux-mêmes. La seule méthode qui convienne à cette science est l'observation par le moyen de *la conscience*.

Cette méthode a pourtant été critiquée : On a dit que ce genre d'observation était *trop difficile*, les phénomènes psychiques sont *très fuyants*, ne restent qu'un instant dans le champ de la vision intérieure. Leur mobilité ne permet pas de les analyser en détail. Et puis, le regard de la conscience n'est-il pas *bien grossier*, ne manque-t-il pas de précision ? En l'employant on n'atteindra que les lignes générales des phénomènes, non leurs détails et leur caractères essentiels.

Seconde objection : non seulement cette observation est difficile, mais même elle est impossible. En effet, *l'esprit observe à la fois et est observé* ; il est tout ensemble acteur et spectateur, ce qui est impossible.

Troisième objection : fut-elle facile, cette méthode ne peut donner de résultat scientifique. Par elle qu'observe-t-on ? *Des individus*, différant beaucoup les uns des autres. L'observation manque donc de généralité, n'a de vérité que dans *le particulier*. Cette méthode réduirait la psychologie à n'être qu'une collection de monographies individuelles.

On peut facilement réfuter ces objections :

A la première on répondra que l'observation de faits psychiques par la conscience n'est pas si difficile qu'elle l'affirme, puisque *elle se fait tous les jours* et donne des *résultats incontestables*. Elle a été cultivée par les plus grands esprits : moralistes, écrivains comiques ou satiriques, artistes, tous ont trouvé moyen de saisir les nuances les plus délicats du monde intérieur et de les fixer. Et d'ailleurs, s'il est vrai que bien des phénomènes psychologiques fuient, il est facile de les *ressusciter* artificiellement *par la mémoire*, se donnant ainsi toute facilité pour les étudier de sang-froid, à loisir, comme des objets extérieurs. L'observation par la conscience offre donc, nous l'avouons des difficultés, mais elles ne sont point insurmontables.

La seconde objection n'est, on peut le dire, qu'une *discussion de mots*. Le même sujet peut être à la fois observant et observé. On ne peut être acteur et *spectateur* mais on peut être *acteur* et se *regarder jouer*. On peut se regarder dans une glace. Enfin, s'écouter parler est une expression quotidienne. On ne peut donc admettre la seconde objection.

Enfin, à la troisième on répondra qu'on n'étudiera dans chaque homme *particulier*, que ce qui est *commun à tous les hommes*, de même que, dans un triangle donné, un mathématicien ne considère que les propriétés communes à tous les triangles. En outre, nous *comparerons les résultats obtenus* sur nous à ceux obtenus sur d'autres, de façon à ne laisser absolument dans nos observations que les caractères communs. Nous ne nous contenterons même pas d'étudier ceux qui vivent autour de nous, sous l'empire des mêmes circonstances : nous observons les documents que l'histoire nous a laissés sur les grands hommes des temps passés. Ce nous sera encore une aide utile. Mais il y a ici un autre écueil à éviter : un système a prétendu chercher dans les seuls documents historiques les renseignements nécessaires à l'organisation de la psychologie. C'est un excès. L'histoire ne nous parle que des grands hommes : et leur niveau psychologique ne saurait être pris pour celui de l'humanité entière. En outre on ne saurait comprendre leurs idées, leurs passions, sans avoir étudié d'abord celles qui nous touchent de plus près. *L'histoire* ne peut donc donner à notre *méthode d'observation* qu'un *complément*.

Chapitre V
Théorie des facultés de l'âme

Nous connaissons l'objet de la psychologie, nous en connaissons la méthode : il ne nous reste plus qu'à l'appliquer à l'objet.

Cet objet est d'énumérer, de décrire et de classer les états de conscience. Mais à cette étude il faut un certain ordre ; pour la rendre méthodique, il faut repartir les états de conscience en un certain nombre de classes que nous reprendrons de plus près. Sans nous laisser arrêter par une apparente diversité, cherchons les caractères communs qui puissent servir de base à une division en groupes. Autant nous admettrons de groupes, autant nous aurons formé de facultés de l'âme. Une *faculté* n'est autre chose qu'un mode particulier et naturel de *l'activité consciente*. Autant il y a de formes différentes sous lesquelles apparaît la vie intérieure, autant il y a de facultés. Ce qu'on appelle faculté dans l'âme est donc ce qu'on nomme *propriété* dans les corps inorganiques, *fonctions* dans les corps organisés. La seule différence est que la faculté représente une plus grande somme d'activité que la fonction, la fonction une plus grande somme d'activité que la propriété.

Voyons donc combien nous allons trouver dans l'âme de facultés ou de groupes d'états de conscience.

Il y en a trois :

1. Nous *agissons* : sur l'extérieur par l'intermédiaire de *notre corps* ; sur l'intérieur, par la *simple volonté*, dirigeant notre intelligence, exerçant notre pensée, etc. Le groupe qui a ce caractère porte ainsi que la faculté correspondante le titre *d'activité*.

2. Suivant que nos actions sont libres ou non, suivant que notre activité est *libre* ou *rencontre des obstacles*, nous ressentons ce qu'on appelle du plaisir ou de la douleur. Ce n'est point là une action : tout au contraire, ce nouveau groupe présente des caractères opposés à ceux de l'activité. En effet, le plaisir et la douleur peuvent bien résulter d'actions, mais ils se produisent en nous *sans que nous le voulions*. Dans les phénomènes de ce genre nous sommes donc en majeure partie passifs. A ce deuxième groupe, constitué ainsi bien indépendamment du premier, est attribué le nom de *sensibilité*.

3. Quand nous agissons, nous savons que nous agissons ; quand nous souffrons, nous savons que nous souffrons ; quand nous pensons, nous savons que nous pensons. Ce n'est pas agir ou sentir : c'est avoir *la connaissanc*e de notre action ou de notre sensation. D'une manière générale il y a toute une catégorie d'états de conscience qui sont ce qu'on appelle des *idées*. Ces idées se rapportent tantôt au monde extérieur, tantôt au monde intérieur.

L'ensemble de ces états de conscience et la faculté correspondante forment *l'intelligence*.

Nous distinguons donc trois facultés principales : l'activité ou faculté d'agir ; la sensibilité ou faculté d'éprouver du plaisir et de la douleur ; l'intelligence ou faculté de connaître.

Pour déterminer ces trois facultés, nous nous sommes contentés de classer les états de conscience. C'est qu'en effet, en dehors des états de conscience où elles se réalisent, ces facultés ne possèdent qu'une *existence virtuelle*. Tout en corrélant cela, il ne faudrait pas croire pourtant qu'elles n'aient d'autre existence que celle de termes génériques, qu'elles ne soient que des étiquettes placées sur des faisceaux d'états de conscience. Sans ces derniers assurément elles n'auraient pas de réalité concrète, mais elles n'en seraient pas moins des pouvoirs réels de l'âme. Supprimez les états de conscience, les pouvoirs ne s'expriment pas mais n'en ont pas moins leur *fondement dans la nature* même de l'âme. Les états de conscience dérivent des facultés comme les facultés de la nature du moi. Quand bien même nous ne penserions pas, nous aurions le pouvoir de penser une intelligence virtuelle. Ce qui prouve que la faculté n'existe pas uniquement dans les états de conscience, c'est qu'elle les précède et leur survit.

Donc, les facultés sont des pouvoirs réels et non de simples collections d'états de conscience.

On s'est demandé quelquefois si l'on ne pourrait pas *simplifier* le nombre des facultés, et réduire à une seule les différentes facultés de l'âme. *Condillac* a tenté de les ramener toutes à la *sensibilité* : il entend par ce mot la faculté de connaître au moyen des sensations. De la sensation pour lui dépend toute l'âme. *Maine de Biran* ramène tout à *l'effort musculaire* ; c'est-à-dire à *l'activité*. Enfin toutes les facultés de l'âme, suivant *Spinoza*, se réduisent à *l'intelligence*.

Mais nous avons montré que ces différents groupes différaient trop pour être joints les uns aux autres. L'activité est caractérisée par *l'action*. La sensibilité par la *passivité*, l'intelligence, par la *représentation*.

Il y a un autre écueil à éviter : c'est de faire des facultés des *êtres distincts* comme *Platon*, qui non content de les matérialiser ainsi leur donne des demeures distinctes : il met le *noûs* ou l'intelligence raisonnable, ce qu'il croit être la partie immortelle de l'âme de l'homme, dans la tête ; le *thymos,* qui repré-sente en partie l'activité les appétits nobles de l'homme, dans la poitrine ; enfin l'*epithymia*, qui représente les besoins, les désirs bas et vulgaires, est placés dans le bas-ventre.

C'est une erreur d'en faire ainsi des êtres : ce sont les propriétés, les pouvoirs d'un seul et même être, le moi. Elles ne sont que les formes distinctes que revêt notre activité. Le moi est un : il est le point vers lequel convergent toutes les facultés. Celles-ci agissent toujours concurremment. On ne peut trouver de fait psychologique qui dépende d'une seule d'entre elles. Nous n'agissons que d'après les motifs dictés par la raison ou des mobiles fournis par la sensibilité[2]. Cela prouve bien l'unité originelle de ces trois facultés. *Nous ne vivons pas avec une faculté*, mais avec l'âme tout entière.

---

[2] Pour savoir ce que c'est que le sentiment (la sensibilité), il faut s'en rapporter à l'expérience personnelle de chacun. La chaleur qu'on ressent au soleil, la douceur du miel, le parfum des fleurs, la beauté d'un paysage, voilà des sentiments... Les caractères de la pensée et de la volonté sont assez clairs : ils nous fournissent donc d'excellents moyens de circonscrire le domaine du sentiment. (cf A. Bain, *Sens et Intelligence. Introduction.*) A. Bain confond ici bien des choses : la chaleur du soleil est une perception, chose intellectuelle ce qui par conséquent retire de ce qu'il nomme d'un terme trop étroit d'ailleurs, la pensée. Il en est de même de la douceur et du parfum. Toutes ces choses peuvent être accompagnées de plaisir ou de douleur, et des mouvements qui en dérivent immédiatement - mais elles ne sont par elles-mêmes ni sentiment ni *passion*.

Chapitre VI
Sensibilité

I - Du plaisir et de la douleur

La *sensibilité*, pour rappel, est la *faculté d'éprouver du plaisir et de la douleur*. Qu'est-ce donc que le plaisir et la douleur ? On ne saurait donner à cette question une réponse parfaite. On peut seulement déterminer les caractères du plaisir et de la douleur, et en chercher les causes.

Ces états de conscience présentent trois caractères essentiels :

1. Le plaisir et la douleur sont des phénomènes *affectifs*, c'est-à-dire se produisent en nous sans que nous intervenions. Quand nous les éprouvons nous sommes *passifs*. Il n'y a pas, à vrai dire, d'absolue passivité dans la vie psychologique. Nous *réagissons bien* soit pour affaiblir la douleur, soit pour augmenter le plaisir, mais la passivité *n'en prédomine pas moins* dans les faits de ce genre.

2. Le second caractère de ces faits est leur nécessité. Ils se produisent fatalement. Nous ne pouvons les empêcher de naître. Ils sont la conséquence nécessaire d'un évènement antérieur : nous ne pouvons les modifier qu'en modifiant l'évènement qui les a causés. Cependant par la volonté, nous pouvons détourner le

regard de notre conscience du plaisir ou de la douleur, ou les rendre plus intenses en fixant sur eux notre attention ; nous pouvons trouver dans la douleur même des plaisirs très délicats : la mélancolie par exemple ; mais *malgré ces différentes influences* que nous avons sur ces sentiments, nous n'en sommes jamais *maîtres absolus*. C'est là l'illusion des stoïciens et des épicuriens, qui ont cru pouvoir par la seule volonté, supprimer la douleur.

3. Le troisième caractère de ces sentiments est la *relativité*. Tout ce qui est sensible est relatif, ce qui est plaisir pour l'un est douleur pour l'autre. L'homme qui s'est livré aux travaux manuels y trouve toutes ses joies. L'homme qui a vécu dans les exercices intellectuels ne voit dans les travaux du corps qu'une fatigue, une souffrance.

Passivité, Nécessité, Relativité sont donc les trois caractères des phénomènes *affectifs*.

Cherchons maintenant leur cause. Suivant certains philosophes le *plaisir* ne consiste que dans *l'absence de la douleur*. On ne peut avoir de plaisir sans connaître la douleur ; ce sont deux ennemis, et l'on ne peut pourtant avoir l'un sans l'autre. C'était déjà l'opinion de *Platon*. Plus récemment, *Schopenhauer* a repris cette thèse dans l'ouvrage *Le monde comme volonté et représentation*. La douleur est suivant lui le fait positif, primitif. Le plaisir est seulement sa cessation. En effet dit-il, pour éprouver du plaisir à posséder quelque chose - par exemple, il faut commencer par avoir désiré ce quelque chose, par avoir trouvé qu'il nous manquait. Or ce manque est douloureux : le plaisir sort donc de la douleur.

Cette doctrine a de *tristes conséquences* : si le plaisir n'est que l'absence de la douleur, s'il nous faut acheter la moindre jouissance par une souffrance préalable, la vie est bien sombre, et il ne vaut guère la peine de rechercher ce plaisir qu'il faut pour ainsi dire payer comptant. A tout le moins la vie serait elle indifférente. Mais le plaisir compense-t-il même exactement la douleur ? Égale-t-il les souffrances supportées pour l'obtenir ? Schopenhauer croit que non. La vie vaut-elle dès lors la peine d'être vécue ? Le philosophe allemand, fidèle à la logique, n'hésite pas à répondre : Non.

Eduard von Hartmann, auteur de la *Philosophie de l'inconscient* et disciple de Schopenhauer, arrive aux mêmes conclusions que son maître tout en réfutant sa théorie. Vivre n'en vaut pas la peine, dit-il. Ce n'est pas que le plaisir n'ait pas d'existence positive, c'est que *la somme des douleurs dépasse la somme des plaisirs*. Mais on ne peut adopter la théorie de Schopenhauer : il y a bien des plaisirs que *l'on obtient sans souffrance préalable*. Sans doute, si le besoin qui l'a précédé a été violent, nous avons souffert. Mais si cet état de besoin est faible, si l'on est assuré de pouvoir le satisfaire, c'est un plaisir qui précède un autre plaisir. Ainsi, si le plaisir de manger a été précédé d'un long jeûne, il y a eu souffrance ; si l'on n'a eu que le temps d'avoir ce qu'on appelle de l'appétit, il n'y a eu là qu'un état agréable. Il y a même des plaisirs qui ne sont précédés par aucun besoin : tels sont par exemple l'annonce d'une heureuse nouvelle, les plaisirs des arts ou de la science. Au nom de ces diverses objections, il y a donc lieu de rejeter la doctrine qui ne donne au plaisir qu'une valeur négative.

D'après une autre doctrine, *la cause du plaisir serait dans la libre activité*. Cette théorie remonte à *Aristote* ; plus récemment elle a été reprise par Hamilton, philosophe écossais du commencement du siècle, puis par M. Francisque Bouillier dans son ouvrage : *Du plaisir et de la douleur*. Voici cette théorie : Nous jouissons quand notre activité se déploie librement. Nous souffrons quand elle est comprimée. Où trouver en effet une cause de plaisir, sinon dans la liberté ? Le plaisir de l'être c'est son action propre. Cette théorie d'ailleurs explique fort bien la plupart des faits. Les exercices musculaires, les couleurs brillantes, les études, les plaisirs intellectuels nous plaisent parce que nos divers modes d'activité y trouvent leur déploiement. Il est donc certain que l'activité libre est au moins la *principale cause* du plaisir.

Mais est-ce la seule ? La théorie précédente ne rend pas compte de la douleur qu'on éprouve après une grande dépense d'activité dirigé toujours *dans le même sens*. Pas plus qu'au commencement l'activité ne rencontre pourtant d'obstacle. C'est que pour produire le plaisir l'activité doit être encore non seulement *libre*, *mais variée* ; il faut pour être agréable qu'elle change de forme. Cela seul explique le vif plaisir reconnu de tout temps et causé par le pur changement. En outre, cela explique *le plaisir qu'on éprouve au repos*, dans l'inaction : l'activité alors n'a pas encore pris de forme. Aussi dans l'imagination, elle semble pouvoir en prendre une infinité, et c'est justement cette variété qui fait le plaisir de l'inaction. C'est encore là *le plaisir de la jeunesse*, qui semble pouvoir varier indéfiniment son activité qui n'a point encore pris de voie spéciale.

La libre activité et la variété sont donc les deux causes du plaisir.

II - Les inclinations

Si on s'en tient à la définition de la sensibilité, elle ne comprendrait que l'étude du plaisir et de la douleur. Mais on rattache en outre à la sensibilité certains mouvements inséparables du plaisir et de la douleur : suivant qu'un objet nous cause l'un ou l'autre de ces sentiments, qu'il nous est agréable ou désagréable, nous tendons vers lui ou nous nous en éloignons. Ces mouvements relèvent à vrai dire bien plus de l'activité que de la sensibilité ; mais ils ont avec cette faculté des rapports si étroits qu'il est impossible de les en séparer.

Cette tendance du moi vers un *objet agréable* distinct de lui constitue ce que l'on appelle une *inclination*. De cette définition résulte une méthode pour classer les inclinations : autant il y aura d'espèces différentes d'objets produisant chez nous ces mouvements, autant il y aura d'espèces différentes d'inclinations. Or, on peut distinguer trois grandes classes de ces objets : le moi ; les autres mois, c'est-à-dire *nos semblables* ; enfin *certaines idées*, certaines conceptions de l'esprit, comme *le bien* ou *le beau*. Nous aurons donc trois espèces d'inclinations ; on les nomme inclinations *égoïstes, altruistes, supérieures*.

Les inclinations égoïstes, nous l'avons dit, ont pour objet le moi. Elles peuvent se présenter sous deux formes : tantôt elles ont pour objet de maintenir l'être tel qu'il est, elles sont alors purement *conservatrices* ; ou bien elles veulent y ajouter, elles sont alors acquérantes. Conserver l'être et l'augmenter sont deux tendances de la nature. Le type des inclinations du premier genre est l'instinct de conservation, l'amour de la vie. Malgré tout, nous tenons à la vie pour elle-même quand bien même on admettrait qu'elle renferme plus de douleur que de plaisir, avant tout nous tenons à la garder. On voit des exceptions à cette règle, on ne le peut nier, mais c'est là seulement une infime minorité. Dans l'instinct de conservation figurent au premier rang les besoins physiques qu'il faut satisfaire : ces inclinations sont caractérisées par ceci :

1. Elles ont leur siège *dans un point déterminé* de l'organisme.

2. Elles sont *périodiques*, c'est-à-dire que ces besoins une fois satisfaits disparaissent pour reparaître au bout d'un temps déterminé.

Les inclinations qui ont pour objet l'accroissement de l'être sont très complexes et très nombreuses. Quand l'être nous est assuré, nous voulons avoir le bien-être, intellectuel aussi bien que physique. Toutes ces inclinations ont pour but d'ajouter à ce que nous avons déjà : elles sont l'ambition sous toutes ses formes, l'amour, des grandeurs, des richesses, etc.

Les inclinations altruistes, nous l'avons dit, ont pour objet nos semblables. On a souvent agité la question de savoir s'il y avait réellement des inclinations altruistes et si l'être ou le bien-être du moi n'étaient pas les seules fins de nos inclinations. *La Rochefoucauld, Hobbes, Pascal, Rousseau* sont de cet avis. Sans trancher la question immédiatement, nous nous contentons pour le moment de *constater* que *certaines de nos inclinations* s'appliquent à *d'autres êtres que nous* ; naturellement, nous sommes faits de façon à nous occuper, à avoir besoin d'autrui. Les inclinations altruistes, qu'on appelle encore inclinations sympathiques peuvent se subdiviser en autant de groupes différents qu'il y a d'espèces différentes dans nos "semblables".

1. Inclinations *domestiques*. Elles ont pour objet la famille.

2. Inclinations *sociales*, ayant pour objet la patrie. Ce second groupe d'inclinations a bien varié avec le temps, en effet, d'abord communauté de famille, puis communauté de religion, enfin communauté de gouvernement, l'idée de la patrie a bien changé. Mais malgré toutes ces transformations les inclinations sociales sont toujours restées les mêmes en principe.

3. Enfin vient le groupe le plus général, l'ensemble des hommes, et l'inclination dont il est l'objet : *l'amour de l'humanité*.

Les trois sortes d'inclinations altruistes que nous venons de voir ne sont point nées en même temps. La plus ancienne est celle pour la famille. Au commencement, en dehors de la famille, l'homme ne voit que des ennemis. Plus tard, les familles se réunissent, et alors se forment la cité, la société. Avec cette seconde forme de groupement se développe l'inclination patriotique. Enfin, quand les hommes se connaissent assez réciproquement, ont des points de contact fréquents dans des idées et des volontés communes : le *stoïcisme*, le *christianisme*, ont été au nombre des doctrines qui ont surtout répandu l'amour de l'humanité.

On a cru quelquefois que les trois inclinations : pour la famille, pour la patrie, pour l'humanité ; *se contredisaient et devaient s'exclure*. Alors, suivant le temps on a demandé l'abolition de deux de ces inclinations au profit d'une seule. *Platon* rejette le sentiment domestique et ne connaissant pas l'amour de l'humanité fait tout du patriotisme. On est allé plus loin, on a voulu que l'amour de l'humanité absorbât les deux autres. Toutes ces unifications ne sauraient être admises : ces trois sentiments non seulement ont leur raison d'être propre mais *s'appuient encore les uns les autres*. La société est une réunion de familles ; l'humanité une réunion de sociétés. C'est de l'amour de la famille qu'on s'élève à celui de la société, de celui de la société à celui de l'humanité. Quand bien même on réaliserait la paix universelle, on n'abolirait pas pour cela le patriotisme pris dans son sens le plus large, pas plus que l'établissement de la société et de la patrie n'a aboli le sentiment de la famille.

Passons maintenant à la troisième catégorie d'inclinations, celles qu'on nomme les inclinations supérieures : elles ont pour objet trois idées : *le vrai, le beau, le bien*. Le vrai, le beau et le bien forment ce que nous nommons l'idéal, nous pouvons donc définir les inclinations supérieures : *la tendance de l'homme vers l'idéal*. Quand on personnifie l'idéal, qu'on en fait un être vivant et conscient, la tendance à l'idéal devient *le sentiment religieux*.

Voici les caractères des inclinations supérieures :

1. Elles sont infinies, *insatiables*. Il n'est point de moment où, comme les autres, elles se déclarent satisfaites ; plus on sait, plus l'on veut savoir.

2. Elles sont *impersonnelles*. Dans les inclinations de ce genre, il n'y a rien de jaloux. Nous ne cherchons pas à garder pour nous seuls la vérité que nous apprenons ; nous sentons au contraire le besoin de la répandre. De même du beau ; nous laissons volontiers les autres participer aux jouissances esthétiques que nous avons éprouvées.

Telles sont les différentes sortes d'inclination et leurs caractères essentiels ; généralisons : de quoi se compose une inclination ? De deux mouvements : dans le cas d'un objet agréable :

1. *le moi se dirige vers l'objet désiré.* L'inclination n'est alors qu'un désir ; si le désir est violent, un besoin.

2. *le moi atteint l'objet agréable.* Il fait alors effort pour le rendre semblable à lui-même, en faire une partie de son être, se l'assimiler, se l'identifier, *se l'approprier.*

Le premier de ces deux mouvements est un mouvement *d'expansion*, le second un mouvement de *concentration*. C'est le second mouvement seul qui a pour caractères l'égoïsme, la jalousie. Il a pour but de garder pour soi seul l'objet recherché, d'en interdire la possession à autrui. Il justifierait donc parfaitement les théories de *La Rochefoucauld* et de *Hobbes*. Le moi serait à la fois le point de départ et le point d'arrivée du mouvement. Mais pour cela, il faudrait que toutes les inclinations présentent les deux mouvements que nous venons d'indiquer. Or, il est évident que certaines d'entre elles ne présentent que le premier :

1. *Les inclinations supérieures* (ne présente jamais le second mouvement). Nous jouissons de l'idéal sans vouloir en aucune façon l'accaparer et en interdire la jouissance à autrui. Qui donc pratiquant le bien, n'est pas heureux de voir les autres le pratiquer comme lui ? Lorsqu'on sent le beau vivement, ne cherche-t-on pas quelqu'un à qui faire partager ce sentiment ? Enfin n'éprouve-t-on pas, dès qu'on sait la vérité, un désir puissant de la faire connaître ?

2. *Certaines inclinations altruistes* présentent le même caractère ; il arrive souvent que nous aimons autrui pour autrui et non pas pour nous. L'inclination s'arrête au premier mouvement : y a-t-il rien d'égoïste dans l'amour maternel par exemple ? Bien qu'il y ait à tout ceci des exceptions provenant du mélange inévitable des différentes inclinations, et que des préoccupations égoïstes viennent souvent ôter aux inclinations même supérieures leur caractère d'impersonnalité, on peut affirmer que certaines inclinations n'ont jamais ni consciemment ni incon-sciemment pour but de s'approprier l'objet agréable uniquement pour le faire servir aux fins propres du moi : en un mot qu'il y a des *inclinations désintéressées*.

Est-il juste de réunir dans une même partie de la psychologie qu'on désigne sous le nom général de sensibilité, des choses aussi différentes que les peines et plaisirs d'une part, les inclinations et passions de l'autre ?

Les inclinations et passions rentrent évidemment dans l'étude de l'activité de l'esprit humain. On peut même dire qu'elles sont la source unique de cette activité, que nul acte n'est accompli par l'individu qui n'ait sa raison première dans un instinct, une inclination, une passion.

L'intelligence n'est pas une source d'activité. Toute activité suppose un but, l'intelligence ne nous fournit jamais que des constatations. Elle nous apprend ce qui est ; mais pour agir, il faut que nous sachions ce qui doit être - ceci du moins que nous nous représentions quelque chose comme étant bon, bien, avantageux, etc.

III - Les émotions et les passions

Nous avons vu que les inclinations avait un objet, agréable ou désagréable. Suivant que l'inclination est satisfaite ou non, il se produit du plaisir ou de la douleur. Mais plaisir et douleur sont des termes généraux ; les diverses variétés des phénomènes affectifs portent le nom *d'émotions*. Les émotions sont donc comme ces phénomènes, tantôt *agréables* et tantôt *désagréables* ; comme eux encore, elles ont pour caractère commun la *passivité*. De plus, tandis que le plaisir et la douleur sont *localisés*, les émotions ne le sont pas. En goûtant un mets délicat, le goût seul et non le moi tout entier éprouve un certain plaisir. Une grande partie de notre être est alors disponible, inoccupée. L'émotion au contraire tend à envahir le moi tout entier, à tout absorber. La volonté peut l'arrêter, au moins en partie ; mais de sa nature, L'émotion est *envahissante*.

Voici donc L'émotion définie à un double point de vue. Par rapport au plaisir et à la douleur : elle en est une forme, mais s'en distingue en ce qu'elle est expansive et n'est point localisée. Par rapport aux inclinations : elle en est une suite ; elle est en nous le contre-coup du succès ou de l'insuccès des efforts de l'inclination.

Reste à classer les émotions. On ne peut en donner une classification rigoureuse. Cependant, l'expression de L'émotion en fonction de l'inclination va nous donner un moyen de mettre quelque ordre dans l'ensemble confus des émotions. Pour cela nous n'avons qu'à faire varier les rapports de l'objet au moi : le moi passera par diverses émotions qu'il sera facile de noter.

Supposons le cas d'un objet agréable : suivant qu'il s'approchera ou s'éloignera du moi, on aura des émotions agréables ou désagréables. Ce seul objet nous permettra donc d'étudier tous les genres d'émotions.

L'objet est à l'infini, c'est-à-dire n'existe pour nous que virtuellement ; nous ne le connaissons pas, nous le rêvons. Alors, si nous croyons pouvoir un jour atteindre cet infini, il se produit en nous un certain sentiment *d'inquiétude où domine le plaisir*.

L'objet approche. Alors se produit une autre émotion, *l'espérance*, qui va en augmentant à mesure que l'objet approche davantage. Quand *nous possédons l'objet*, l'espérance disparaît à son tour pour faire place à la joie.

Si *la possession est continue*, nous éprouvons un autre sentiment agréable, la joie de posséder, plus tranquille que la joie d'acquérir qui l'a précédée. Laissant le mot joie pour cette dernière émotion, on peut nommer encore sécurité la joie de posséder.

Supposons maintenant que *la possession* de l'objet aimé *ne soit pas sûre*, que nous craignons de voir cet objet disparaître, il se produit alors le sentiment pénible connu couramment sous le nom *d'inquiétude*. Supposons encore que nous voyons tout à coup *l'objet prêt de nous être enlevé* : L'émotion qui survient est la peur. Si nous en sommes privés *subitement* sans l'avoir prévu, c'est l'épouvante.

L'objet s'éloigne. Alors le sentiment de la privation est la *tristesse* ; si on l'a possédé, *le regret*. S'il continue à s'éloigner, la tristesse devient désespoir. Le désespoir augmente avec la distance de l'objet. Enfin quand il est retourné à l'infini, le sentiment qui nous reste de notre impuissance à l'atteindre, c'est *l'abattement*.

Toutes les variétés des émotions ont été étudiées par Spinoza dans son ouvrage : *l'Éthique*.

On a trouvé commode, quelquefois, de ne faire que deux catégories d'émotions :

1. les émotions *physiques* qu'on appelle *sensations*.
2. les émotions *morales* qu'on appelle *sentiments*.

Nous n'avons pas cru, pour plusieurs raisons, devoir adopter cette division. D'abord, elle est trop grossière : elle n'a pas la finesse nécessaire à la classification de ces phénomènes au caractère ondoyant. Le mot de sensation d'autre part est bien détourné par là de son sens propre. Il doit exprimer nous semble-t-il, non le fait physiologique et l'impression que nous en ressentons, mais seulement les phénomènes de connaissance concernant le monde extérieur. De la sorte, on évite toute équivoque. Prenons un exemple :

Je me blesse ; il se produit une affection douloureuse. Ce n'est pas là la sensation ; mais en même temps j'apprends l'existence du corps qui m'a blessé. Cette connaissance est la sensation.

En outre, le mot sentiment a dans la langue courante un sens très vague ; et le sens précis que lui attribue ce système introduira toujours quelque obscurité dans son emploi. Aussi ne l'emploierons-nous que dans le sens général de phénomène sensible.

Il y a donc lieu de ne point adopter cette division des émotions.

Il nous reste à étudier la dernière espèce des phénomènes sensibles, *les passions*. On a entendu par ce mot des phénomènes sensibles bien différents les uns des autres. Bossuet dans le traité de la connaissance de Dieu et de soi-même, mélange, sous le titre de passions, les inclinations et les émotions. Selon lui, il y a *onze passions* dont dix s'opposent deux à deux : l'amour, la haine - le désir, l'aversion - la joie, la tristesse - L'audace, la crainte - L'espérance, le désespoir - enfin, la colère. Toutes peuvent d'ailleurs, selon lui, se ramener à l'amour et à la haine, et la haine d'un objet n'étant que l'amour de son contraire, il n'y a pour lui qu'une seule passion : l'amour.

Descartes a fait de son côté un traité des passions. Il les ramène toutes lui aussi à une seule, *l'admiration*. Mais pour lui, les passions sont des phénomènes semi-sensibles et semi-intellectuels, se produisant au moyen des esprits animaux (théorie particulière de *Descartes*).

Spinoza, dans son *Éthique*, a consacré un livre à l'étude des passions ; mais de même que Bossuet il mélange aux passions proprement dites les inclinations et des émotions. Il y a pour lui deux passions primitives, la *joie* et *l'amour*.

Pour nous, employant le mot passion dans son sens courant, nous la définirons : *un mouvement sensible d'une intensité particulière* ; ce qui caractérise la passion, c'est sa violence. Cette force peut se manifester soit d'un seul coup, soit lentement. Ainsi certaines passions sont des habitudes : leur force se manifeste par leur ténacité. D'autres au contraire ne durent qu'un instant ; elles s'épuisent en s'exprimant. Cette distinction est importante pour réfuter la théorie qui ne voit que des habitudes dans toutes les passions.

En quoi consiste exactement la passion ? Elle présente les deux caractères suivants :

1. Comme l'inclination, elle est *relative à un objet extérieur*. On se passionne pour quelque chose. L'émotion au contraire a bien une cause, mais *d'objet, point*. Elle agite le moi, mais sans l'entraîner vers un but déterminé.

2. D'autre part, comme L'émotion *la passion est envahissante*, prend le moi tout entier. Tandis qu'au contraire les inclinations sont localisées. En outre, tandis que les inclinations n'absorbent qu'une faible partie du moi, *la passion est exclusive* et dirige vers son objet toutes les facultés du moi.

Ainsi, la passion emprunte un de ses caractères à l'inclination, l'autre à l'émotion. C'est qu'en effet la passion n'est que l'état le plus violent de l'inclination ou de l'émotion. Une émotion très vive devient une passion. Si la colère n'est pas très violente, elle n'est qu'une émotion. Devient-elle plus forte, plus vive, c'est une passion. La peur en elle-même n'est qu'une émotion : si par sa violence elle absorbe toutes les facultés de l'être elle devient une passion. Si l'amour maternel est au repos, ce n'est qu'une inclination ; un obstacle quelconque augmente-t-il sa vivacité, il envahit tout le moi, devient passion.

Les deux caractères de la passion peuvent être exprimés d'un seul coup : d'une part, elle concentre le moi ; de l'autre elle le dirige vers un objet. On peut donc dire *qu'elle concentre tout le moi vers un seul et même objet*. Toutes les forces sont dirigées vers un même but, sont assemblées. C'est dire que la passion introduit dans la vie psychologique une unité absolue.

Cette analyse de la passion nous permet de juger de sa valeur, du rôle utile ou nuisible qu'elle peut jouer. On lui a reproché d'être *un développement maladif.* On a dit que son caractère essentiellement exclusif en faisait un *appauvrissement* du moi où elle venait à naître. Ce danger ne peut être nié. Mais on peut se demander si c'est là l'état véritable de la passion. Assurément, abandonnée uniquement à elle-même, elle peut amener cet appauvrissement de l'être. Par elle l'équilibre des facultés est alors détruit. On poursuit son objet avec violence, on ne voit plus que lui, on cherche à l'atteindre par tous les moyens, quels qu'ils soient.

Dans ce cas le moi tout entier est dans une seule passion. L'activité n'a plus qu'une forme. Le désir d'atteindre l'objet de cette passion est si fort, que le moi ne peut pas avoir la patience de chercher les moyens d'arriver à ses fins. Certaines gens, par exemple, ont la passion de la volonté si violente qu'elle renonce à retarder l'accomplissement de son désir pour se procurer les moyens de le satisfaire. On est alors volontaire quand-même, c'est-à-dire obstiné. C'est seulement mesquin et étroit.

Mais si la passion est quelque peu arrêtée par la réflexion, elle a conscience d'elle-même et de *ce dont elle a besoin* ; elle comprend qu'il lui faut des moyens d'atteindre ce but. Alors naissent des *passions secondaires*, utiles le plus souvent, qui, tandis que la passion principale s'attache à la fin, s'attachent de leur côté *aux moyens de les réaliser*.

Supposons par exemple la *passion de l'or*, qui est immorale en elle-même. Pour peu qu'elle soit un peu réfléchie, elle entraînera avec elle la passion *du travail* et celle *de l'économie* qui toutes deux sont des passions utiles. Supposons la passion de la *gloire* : elle entraînera de même la passion du *travail*, de *l'étude*, etc.

Évidemment, une passion qui a un but immoral est et reste toujours immorale. Mais la passion en elle-même, abstraction faite de son but, trouble-t-elle dangereusement l'économie de l'être intérieur ? Nous venons de voir qu'elle engendre des passions secondaires dont quelques unes au moins sont toujours utiles. A ce point de vue par conséquent, *la passion peut et doit être utilisée*.

Pour que l'activité soit vraiment productrice, il faut qu'elle soit concentrée, qu'il n'y ait pas de perte de force ; il faut par conséquent qu'elle soit émue par la passion. Pour faire une œuvre une vivante il faut *se passionner* pour elle : artistes, écrivains ne réussissent qu'en se passionnant pour leur objet. Il faut qu'un peintre ait, non seulement la passion de peindre, mais la passion des personnages qu'il peint. Il en sera de même d'un penseur. Ainsi donc, lorsque l'objet de la passion n'est pas mauvais en soi, lorsqu'un minimum de raison en surveille le développement, elle est la condition indispensable sans laquelle on ne fait rien de grand."

Classifications des mouvements sensibles		
I.　　Ayant un *objet*	A. Envahissants	Passions
	B.　　Non envahissants	Inclinations
II.　　N'ayant pas d'*objet*	A. Localisés	Affections
	B.　　Non localisés	Émotions

Chapitre VII
Intelligence

Théorie de l'intelligence

L'intelligence est la *faculté de connaître*. L'acte propre de L'intelligence est l'idée. Ce qui la caractérise, c'est d'être *représentative*. Toute idée représente un objet. Voilà donc un moyen de classer les différentes formes de l'acte intellectuel. Autant il y aura d'espèces d'objets à connaître, autant nous compterons de facultés intellectuelles.

Or nous connaissons trois espèces de choses : ce qui nous est donné *dans l'expérience*, ce qui nous est donné *sans nous être donné par l'expérience*, enfin *le monde intérieur*. Il est vrai qu'on s'est demandé s'il y avait bien réellement des choses connues par nous en dehors de l'expérience. Mais, sans trancher la question, admettons la solution du sens commun qui voit là deux connaissances d'ordre différent, quitte à les réunir plus tard si nous croyons le devoir faire.

Nous avons donc trois facultés dites : de perception : La *conscience*, les *sens*, la *raison*.

Nous avons encore trois autres facultés intellectuelles qui se distinguent des premières en ce qu'elles ne se rapportent pas à des objets actuellement présents : ce sont : *l'association des idées*, la *mémoire* et *l'imagination*. On les appelle facultés de *conception*.

En dehors de ces facultés simples, il y a un certain nombre d'opérations complexes formées par la combinaison de différentes facultés, intellectuelles ou autres ; ce sont : *l'abstraction*, *l'attention*, le *jugement*, le *raisonnement*.

Telles sont les grandes divisions de la théorie de la connaissance.

Chapitre VIII
Perception extérieure

I - La perception extérieure et ses conditions : les sens.

La perception extérieure est la faculté qui nous fait connaître le monde extérieur. Où finit le monde de la conscience commence le monde extérieur.

Voyons quelles sont les conditions de la perception extérieure. Il y en a trois :

1. *L'existence* d'un objet dans notre voisinage. C'est évident. Cependant la perception se produit quelquefois en l'absence de l'objet : on dit alors qu'il y a *hallucination*. (On peut établir cette distinction sans préjuger de l'existence du monde extérieur ; en effet, qu'il existe ou non, il y a toujours des perceptions qui sont isolées, passagères, et d'autres qui sont répétées plusieurs fois, et contrôlées par celles des autres sens. Que ces dernières aient ou n'aient pas pour cause l'existence d'objets extérieurs, il n'y en a pas moins deux classes de perceptions à distinguer.)

2. Il faut que certaines *conditions physiologiques* soient remplies. Ces conditions physiologiques sont au nombre de trois : *relation d'un organe sensible avec l'objet* ; *transmission par les nerfs de la*

modification apportée à cet organe ; centralisation au cerveau.

3. Le *moi* doit intervenir. Les modifications organiques sont multiples, diverses dépourvues d'unité. Ce n'est que grâce à *l'intervention du moi* que *l'unité* se produit dans la perception.

Telles sont les conditions de la perception extérieure.

De ces trois conditions, il n'y en a qu'une seule qu'il faille étudier : les rapports des sens et de l'objet. Il ne peut y avoir sujet de s'occuper de l'existence de l'objet et de l'intervention du moi. Il nous faut donc étudier les organes qui sont les intermédiaires entre les objets et le cerveau : ces organes sont ce qu'on nomme les sens.

On compte généralement cinq sens : *le toucher, l'odorat, le goût, la vue et l'ouïe.* Il ne faut pas entendre uniquement par sens les organes sensibles qui sont les intermédiaires entre le monde extérieur et le moi ; il faut les définir seulement : Certaines sources d'informations relatives au monde extérieur. En effet, il y a des sens qui ne sont point situés. Il en est deux, connus depuis peu, qui n'ont point d'organe spécial : ce sont, d'abord le *sens musculaire* par lequel nous sentons, l'état, la position, la fatigue de nos muscles ; puis le sens vital, qui nous fait seulement connaître l'état général du corps, le bien-être ou le malaise sans siège déterminé. "C'est comme une sorte de toucher intérieur." C'est ce que l'on nommait au moyen-âge *sensus vagus*. "Quand c'est à l'œil que j'ai mal ou à l'oreille, ce n'est pas de la vue ou par la vue, ce n'est pas de l'ouïe ou par l'ouïe que je souffre. Les cinq sens n'ont rien à voir dans la production de sensations pareilles. Elles dépendent d'une autre puissance de la sensibilité."

Il y a lieu maintenant de se demander quelle est la valeur relative de ces différents sens. Les uns nous donnent évidemment des sensations, des renseignements plus précis ou plus abondants que les autres.

Il faut évidemment mettre au degré le plus bas de l'échelle les sens de *l'odorat* et du *goût*. Ils sont si pauvres que, hormis les affections sensibles, il n'y a presque rien d'appréciable dans ces sensations. Elles sont purement affectives et ce n'est qu'après une longue éducation qu'ils nous donnent de véritables connaissances.

Après, nous placerons le *sens vital*. C'est là se mettre en désaccord avec l'inventeur, *Albert Lemoine*, qui affirme que "grâce à lui seul nous connaissons le monde extérieur." C'est qu'on voit bien que toutes les indications du sens vital contiennent une grande part d'affection sensible, et peu de renseignements précis.

Plus haut, on mettra *la vue* et *l'ouïe*. Ces deux sens sont les sens esthétiques. C'est là ce qui fait leur supériorité.

Au quatrième degré viendra le *toucher*, à qui nous devons une foule de notions très précises. Il peut remplacer la vue, l'ouïe parfois. L'antiquité reconnaissait bien la supériorité de ce sens ; Anaxagore disait que c'est grâce à la main que l'homme a le privilège de penser.

Au sommet de l'échelle vient le sens musculaire, qui nous donne les notions les plus précises. Avec le toucher, il nous donne la connaissance de l'étendue. C'est en outre dans la sensation de l'effort musculaire que l'homme se distingue le mieux du monde extérieur.

Odorat - goût - sens vital - ouïe - toucher - et enfin sens musculaire, telle est donc la classification naturelle des sens.

Il nous reste à déterminer quelles sont les perceptions fournies naturellement par chaque sens. Chaque sens en effet nous donne certaines connaissances naturellement. Certains autres par éducation par suite de comparaison avec des connaissances données par un autre sens.

Nous avons donc à distinguer la perception naturelle, c'est-à-dire celle fournie naturellement par chaque sens, et la perception acquise, c'est-à-dire celle que nous avons actuellement.

Pour la plupart des sens, il n'y a pas de graves difficultés : le goût donne naturellement la saveur ; *l'odorat, l'odeur ; l'ouïe, le son* : le *sens musculaire* la *résistance* ; le *toucher, l'étendue*, le *sens vital* enfin, les connaissances relatives à *l'état général du corps*.

Reste la vue. Elle a bien en propre la perception de *la couleur*. Mais n'a-t-elle que celle-là ? Ne donne-t-elle pas aussi l'étendue ? Actuellement, nous ne pouvons séparer ces deux perceptions. Mais n'est-ce qu'un effet de l'éducation et, primitivement, la vue donne-t-elle la notion de l'étendue ?

Certains philosophes croient que oui. On les nomme nativistes, à cause de leur opinion qui fait de l'étendue une perception innée de l'œil. Les empiriques au contraire ne voient dans cette perception qu'un effet de l'expérience et de l'éducation.

Mais il y a deux choses à étudier dans l'étendue :

1. L'idée de la *distance*. Il est démontré que la vue *ne donne pas cette idée*. Les résultats obtenus sur des aveugles-nés opérés de la cataracte le prouve. Un aveugle ainsi opéré par *Cheselden* dit, sitôt qu'il put voir, que les couleurs lui apparaissaient sur un plan tangent à l'orbite de l'œil.

2. L'idée de la *surface*. L'expérience de Cheselden semblerait prouver que la vue donne naturellement quelque idée de la surface. Mais cela n'est pas concluant. L'aveugle-né, par ses autres sens, s'est déjà formé une idée de la surface, qui influe sur sa manière de voir les couleurs.

Aucune expérience n'a pu être faite de manière à trancher la question de savoir si la vue nous donne naturellement l'idée de l'étendue.

Cependant, *l'hypothèse empirique* a des *probabilités* en sa faveur. Par quel mécanisme l'œil projetterait-il dans l'espace la sensation de couleur perçue ? Et quand même il la projetterait, cette notion de l'espace serait bien rudimentaire, et pour arriver à la notion de l'espace que nous avons aujourd'hui, il faudrait une longue éducation. En outre, l'impuissance reconnue de la vue à donner la troisième dimension rend par analogie la puissance à percevoir les deux autres peu probables. Nous pouvons donc dire que, dans l'état actuel de la question, l'hypothèse empirique a toutes les probabilités en sa faveur.

II - Origine de l'idée d'extériorité

La perception extérieure nous fait connaître quelque chose que nous appelons monde extérieur. Le monde extérieur existe-t-il réellement ? Telle est l'importante question qui se présente d'elle-même à l'esprit. Cette question se subdivise en deux autres :

1. Existe-t-il quelque chose en dehors du moi ?

2. Si ce quelque chose existe, est-il tel que nous le percevons ?

Pour répondre à ces deux questions, il en est une autre qu'il faut résoudre au préalable : *D'où nous vient l'idée d'extériorité* ou autrement dit, de non-moi ?

Une idée ne peut avoir que deux sortes d'origine : ou bien elle est donnée toute faite de quelque façon à l'esprit, ou bien elle est son œuvre, elle résulte d'un certain travail intellectuel, elle est *construite* par lui.

Examinons donc si l'idée d'extériorité est construite ?

Un certain nombre de philosophes appartenant à des écoles très différentes, ont cru pouvoir répondre oui à cette question. C'était l'avis de Cousin. C'était aussi celui de *Stuart Mill*. Ce philosophe est même celui qui a donné à ce sujet la théorie la plus complète. Voici, selon lui comment se construit cette idée : Nous ne connaissons rien de relatif au monde extérieur que par la sensation. La sensation, de sa nature est subjective. Il est vrai qu'aujourd'hui, quand nous avons une sensation de couleur, nous concluons immédiatement à l'existence d'un objet coloré. Mais comment en sommes-nous venus là ? C'est ce qu'il faut justement expliquer. Une sensation, en elle-même, est purement affective, purement subjective. Il semble donc que la sensation ne puisse se donner l'idée d'extériorité.

Nous arrivons à cette idée par le moyen d'une *division des sensations*. J'entre dans une salle : j'ai la perception de la porte, puis celle d'une bibliothèque, puis celle d'une table. Chaque fois que j'entrerai, ces trois sensations se renouvelleront dans le même ordre. Dans les moments o je ne les éprouverai pas, je saurai pourtant que *je puis les éprouver*. Ainsi *Stuart Mill* appelle ces sensations *sensations possibles*. Il les oppose aux *sensations présentes*, dont la reproduction n'est pas déterminée et qu'il nomme pour cette raison *sensations actuelles*.

Ces deux sortes de sensation diffèrent beaucoup. Les dernières sont fugitives. Les premières au contraire sont permanentes ; ces sensations possibles, se reproduisant avec régularité, *demandent à être expliquées*. C'est pour cela, selon Mill, que le moi leur imagine une cause distincte du moi. Puisque, dit-il, elles sont possibles, c'est qu'elles continuent à exister sans que je les perçoive ; *elles ne sont donc pas moi*. Le non-moi ou monde extérieur se compose donc des causes des sensations possibles.

Mais ce n'est pas tout. Cet historique de l'idée d'extériorité n'explique pas entièrement la notion que nous avons du monde extérieur. Nous ne voyons pas dans le non-moi des sensations jetées au hasard, mais des corps, des substances ayant des qualités qui causent les sensations.

Il faut donc ainsi compléter cette explication : Les sensations possibles sont *associées par groupes*, nous apparaissent comme coexistantes : une sensation de couleur avec une sensation d'étendue, une autre de résistance, une autre de go°t par exemple. Au lieu de se présenter isolées, les perceptions possibles se présentent par groupes, on a appelé objet une chose imaginée par l'esprit, et dont les diverses sensations possibles qui sont d'ordinaire groupées ensemble ne seraient que différentes qualités.

Telle est la théorie de *Stuart Mill* sur l'origine de l'idée de l'extériorité.

La doctrine de Mill est sujette à de graves objections : Toutes les sensations, sans exception, sont *subjectives*. On ne saurait donc avec elles, former une idée qui est éminemment objective. La différence qu'établit *Stuart Mill* entre les sensations possibles et les sensations actuelles, ne suffit nullement à montrer comment l'esprit a pu se former l'idée d'extériorité. Entre le moi et le non-moi il y a l'opposition la plus marquée. Cette opposition n'existe pas entre les *sensations possibles* et les *sensations actuelles*.

Trois sensations se sont produites à la suite, l'une de l'autre, dans le même ordre, à différentes reprises ; l'esprit en conclura-t-il à la présence d'un objet ? Ce n'est pas nécessaire. La loi qui fait que ces sensations se renouvellent ainsi peut être aussi bien *attribuée à l'esprit* ; on en déduira aussi bien qu'un certain nombre d'états subjectifs sont soumis à une déterminisme absolu.

De cette réfutation de la théorie de *Stuart Mill* ressort une connaissance générale. C'est que, pour être construite, l'idée de l'extériorité devrait avoir pour base des sensations ; et, d'autre part, les sensations n'ayant aucune valeur objective, l'idée du monde extérieur *ne peut être construite*. Or comme nous l'avons, il s'ensuit naturellement qu'elle est donnée.

L'idée d'extériorité est donc donnée. Mais elle peut l'être de plusieurs façons. Est-elle donnée dans l'expérience, c'est-à-dire apportée toute faite à l'esprit par une ou plusieurs sensations, ou bien est-elle inhérente à *la nature même de l'esprit* ? Car il n'y a que ces deux manières dont l'idée puisse être donnée.

Examinons donc si l'idée d'extériorité nous est donnée dans l'expérience. Les *perceptionnistes*, c'est-à-dire les philosophes qui affirment que l'idée d'extériorité nous est donnée dans l'expérience, apportée pour ainsi dire toute élaborée par la sensation, se divisent en deux classes. Les uns, comme *Hamilton*, attribuent à toutes les sensations la propriété d'apporter cette idée. Les autres, comme *Maine de Biran*, la réservent au seul effort musculaire : c'est la sensation de résistance qui nous donne l'idée du monde extérieur. L'obstacle, selon ce philosophe, ne peut-être qu'un non-moi.

Nous réfuterons la première théorie en exposant les mêmes arguments que nous avons déjà dirigés contre *Stuart Mill*. Les sensations toutes subjectives, ne peuvent nous donner l'idée d'objectivité. Ce sont des états des modifications du moi dont la cause peut tout aussi bien être située dans le moi que dans le non-moi.

La sensation d'effort musculaire ne fait pas exception à cette règle. L'obstacle qui arrête notre mouvement peut aussi bien être dans le moi qu'en dehors et l'on peut sentir une résistance là où en réalité, il n'y a rien. [*Expérience sur les hallucinations*, de Foucher. Taine, *De l'Intelligence*, Vol. I. p. 398.]

Puisque d'une part, l'idée d'extériorité ne peut être construite que de l'autre, la nature essentiellement subjective des sensations ne permet pas de croire qu'elle puisse être donnée dans l'expérience, c'est qu'elle est donnée en dehors de l'expérience, qu'elle dérive de la nature même de l'esprit.

Une idée qui est en nous sans y avoir été déposée par l'expérience, s'appelle une idée *a priori*.

Essayons de remonter plus loin et voyons comment nous est donnée cette idée *a priori* ?

C'est que nous avons une idée plus générale, inséparable de la nature de notre intelligence, qui est celle *d'espace*. Cette espace nous *entoure*; il est donc distinct du moi. Mais cet espace, tant que nous n'avons encore éprouvé aucune sensation, n'existe que virtuellement. Dès qu'une sensation est éprouvée, nous l'objectivons spontanément et nous situons *sa cause dans l'espace*. C'est ainsi que naît l'idée d'extériorité.

Mais si c'est *spontanément que nous formons l'idée* d'extériorité, c'est seulement par *l'expérience* que nous introduisons dans le désordre primitif *l'ordre* que nous concevons aujourd'hui ; et cela, en faisant un objet de la cause des sensations possibles qui se reproduisent toujours ensemble. Si la théorie de *Stuart Mill* est fausse en ce qui concerne l'origine première de l'idée d'extériorité, elle est vrai en la restreignant, à la mise en ordre des sensations éprouvées et objectivées spontanément par le moi.

III - L'objectivité de l'idée d'extériorité.

Nous savons maintenant d'où nous vient l'idée d'extériorité. Il semble donc que nous soyons en mesure de décider maintenant si elle correspond ou non à des objets réels situés en dehors de nous. Elle nous est donnée dans l'idée d'espace ; la question pourrait donc se ramener à celle-ci : l'*idée d'espace correspond-elle à une réalité objective ?* - Mais nous ne pouvons encore trancher cette question. Elle revient à se demander si les choses sont réellement dans l'espace. Mais pour cela, il faudrait avoir décidé auparavant s'il y a des choses, et c'est cela même que nous cherchons. La question de l'objectivité de l'idée d'espace n'est qu'une partie d'une autre question plus complexe que nous étudierons plus tard : cette question est de savoir *si les lois de l'esprit sont les lois des choses.*

Il faut donc procéder autrement pour savoir s'il existe réellement quelque chose en dehors du moi. Nous nous servirons pour cela d'une méthode inductive. Nous avons une sensation : il faut en déterminer la cause. Une fois cette cause déterminée si elle est en nous, nous conclurons à la non-existence du non-moi ; si elle est hors de nous, nous déciderons que le monde extérieur existe.

Comment détermine-t-on la cause d'un phénomène ? Voici une première manière de procéder, qui nous est offerte par la logique. Soient deux phénomènes, A et B. Si toutes les fois que A se produit, B se produit également, il y a une très forte présomption que A est la cause, ou la condition de B. Inversement, si A se produit régulièrement sans que B se produise, il y a très forte présomption que A n'est pas la cause de B. Cette présomption devient une certitude si l'on établit que rien n'empêcherait A de produire son effet.

Appliquons ce principe à l'étude qui nous occupe. Je suis dans une salle. Mon *moi* est formé de souvenirs, d'émotions, de passions, de sensations. Je désigne par A B C ces divers états de conscience. Tout à coup, un son D se produit. Voilà une nouvelle sensation : quelle en est la cause ?

Elle n'est pas en moi. Car avant elle, il n'y avait en moi que A B C et ils ne produisaient rien.

Mais peut-être un obstacle les empêchait-il de faire leur effet ? Si cet obstacle existait, il était en moi ou en dehors de moi. Or, il n'était pas en moi, car il n'aurait pu être qu'un des états de conscience A B C et ces états de conscience ont persisté après que D s'est produit.

L'empêchement n'aurait donc pu venir que du dehors. Que le phénomène D ait été produit par une cause extérieure, ou empêché un certain temps par une cause extérieure, il n'en est pas moins démontré qu'il y a quelque chose d'extérieur à nous.

Voici une autre méthode que l'on peut également employer pour cette démonstration.

Si un phénomène B se produit sans être précédé par un autre phénomène A, A n'est pas la cause de B.

Appliquons ce principe : J'entre dans une salle ; mon moi étant alors composé d'états de conscience divers A, B, C j'éprouve la sensation de cette salle que je désigne par D.

Au bout d'un certain temps je reviens dans cette salle, je suppose que rien n'y ait été changé. Mon moi est alors composé des états de conscience A, B, C. J'entre et j'ai la sensation D.

La cause de D est-elle en moi ou m'est-elle extérieure ?

Elle n'est pas en moi, car elle devrait être dans la première expérience A, ou B, ou C. Mais aucun de ces états de conscience n'existe plus dans la seconde expérience où D se produit pourtant. Aucun d'eux n'est donc la cause de D.

La cause de D est donc extérieure.

Les deux méthodes employées nous amènent à un même but résultant : l'objectivité du monde extérieur est démontrée.

Nous savons maintenant que le monde extérieur est. Mais on peut se demander *ce qu'il est*. Est-il tel que nous le percevons ? Est-il différent ? Voilà ce qui nous reste à examiner. C'est par les sens que nous percevons ce monde extérieur. Voyons donc si nos sensations diverses correspondent à des qualités naturellement inhérentes à la matière.

Or les qualités de la matière qui nous font connaître nos sensations peuvent être distribuées en deux classes bien distinctes.

Les unes *n'appartiennent pas à tous les corps*. On peut concevoir *les corps indépendants d'elles*. Enfin, elles ne sont que *des formes d'autres propriétés de la matière*. On appelle ces qualités, *qualités secondes*. Ce sont la chaleur, la couleur, le goût, l'odeur, etc. En effet, il y a des corps qui ne sont pas sapides, pas odorants. On conçoit très bien un corps sans y faire entrer l'idée de couleur ou de chaleur. Enfin la science démontre que le son, la couleur ne sont que des variétés du mouvement. On en dirait autant des autres qualités secondes.

Les autres qualités, dites qualités premières, ont les caractères inverses. Elles appartiennent à tous les corps. On ne *peut concevoir un corps sans elles*. Enfin on peut leur ramener les qualités secondes, alors qu'*elles-mêmes sont inéluctables.*

On ne compte que deux qualités premières, l'étendue et le mouvement. Tout corps est étendu et mobile. On ne peut concevoir un corps qui ne soit pas étendu ou qui ne puisse pas se mouvoir.

Cette distinction nous permet, sans préjuger de la nature du monde extérieur, de dire au moins ce qu'il n'est pas. Les qualités secondes ne sont que des apparences des formes des qualités premières, différentes uniquement par l'intervention des sens. Il ne reste donc plus à la matière que les qualités premières, et l'on arrive à cette définition provisoire :

La matière est une étendue susceptible de se mouvoir.

Mais rien ne prouve jusqu'à présent que les *qualités premières* appartiennent *réellement* au corps, et ne soient pas de simples apparences. Il faut donc examiner ce qu'il y a d'objectif dans ces idées.

Nous allons voir, que l'idée d'étendue implique contradiction. Pour cela, nous nous baserons sur ce principe : Un tout composé de parties peut toujours être nombré, ou du moins est conçu comme pouvant être nombré à l'aide de moyens plus puissants que ceux dont nous disposons.

Or l'étendue est continue, et tout ce qui est continue peut être divisé en parties semblables entre elles. Il faudra donc pouvoir nombrer l'étendue ; sinon, il y aura contradiction.

Nous allons faire voir que l'étendue ne peut être divisée ni en un nombre de parties fini, ni en un nombre infini.

L'étendue ne peut être divisible en un nombre *fini* de parties. En effet, quelque nombre qu'on ait trouvé de ces parties, chacune d'elles sera étendue et pourra être ainsi indéfiniment divisée.

Elle ne peut être divisée en un nombre *infini* de parties. En effet la notion de nombre infini implique contradiction ; par définition même, un nombre est susceptible d'être augmenté ou diminué indéfiniment. L'infini a le caractère opposé ; il est fixe. On ne peut l'augmenter ni le diminuer. Nombre infini ne signifie donc rien.

On parle pourtant d'infini en mathématiques. Mais ce n'est là qu'un symbole. On dit qu'un polygone régulier inscrit d'un nombre de côtés infini est égal à la circonférence. Cela signifie seulement qu'en augmentant le nombre des côtés d'un polygone, la différence de son périmètre décroît constamment, et qu'on pourra par conséquent, rendre cette différence aussi petite qu'on voudra. C'est ce symbole qui permet d'appliquer à la circonférence les lois du polygone, au cône celles de la pyramide. Mais il n'y faut voir qu'un symbole.

Quand on écrit que la progression [équation] égale à l'infini l'unité, cela ne veut pas dire qu'il viendra un moment où en faisant la somme on trouvera 1 ; mais seulement que plus on prolonge la série donnée, plus sa différence avec l'unité est faible. Il faut donc admettre que le nombre infini n'existant pas réellement, l'étendue ne saurait être divisée en un nombre de parties infini.

Mais il est une division possible de l'étendue. C'est la division en un nombre indéfini de parties. Mais par suite de la définition de la division en parties indéfinies, on ne pourra à aucun moment compter le nombre de ces parties. Or, comme nous avons établi que tout ce qui est ensemble pourrait être nombré, et d'autre part que l'étendue était un ensemble de parties d'étendues, nous avons :

D'une part : Il est impossible de nombrer l'étendue.

De l'autre : L'étendue est nombrable.

Il y a contradiction, et l'idée d'étendue doit être rejetée comme n'étant qu'une apparence trompeuse.

Les corps ne seront donc pas étendus. D'autre part, ils sont divisibles. C'est qu'alors ils sont divisibles en parties inétendues.

De plus, le nombre de ces parties ne sera pas infini : nous avons fait voir que nombre infini impliquait contradiction. Le nombre ne sera pas indéfini : La loi du nombre ne le permet pas. Ce nombre ne pourra donc être que fini. Les corps sont donc divisibles en un nombre fini d'éléments inétendus et distincts.

On peu remarquer que la physique et la chimie sans spéculer sur la nature des corps, reconnaissent qu'ils sont formés d'un nombre fini de parties inétendues, que ces sciences nomment les atomes.

Examinons maintenant comment nous pourrons nous faire une idée de ces éléments inétendus des corps. Ils sont des êtres. On ne peut dès lors les concevoir que par analogie avec le seul être que nous connaissons, qui est le moi. Voyons donc ce que nous sommes. Nous sommes une force qui a conscience d'elle-même, qui se meut elle-même : *vis sui consciea sui motria*. La force que nous sommes est donnée en outre de sensibilité et d'intelligence. Il est évident qu'aucun des phénomènes que nous connaissons ne nous autorise à attribuer aux êtres que nous étudions ces deux qualités de notre moi. Reste donc seulement l'activité.

Nous pouvons donc nous représenter les éléments des corps comme *semblables à ce que serait notre âme si elle avait en moins la sensibilité de l'intelligence*, comme une force inconsciente. Ce sont ces forces qui limitent, qui repoussent la force qui est le moi. C'est par cela même que cette dernière force les reconnaît pour semblables à elle-même.

Nous connaissons donc maintenant la nature des corps. Ils sont formés d'un nombre fini de forces élémentaires.

L'étendue et le mouvement ne sont donc que des apparences. Pour l'étendue, c'est démontré. Pour le mouvement nous remarquons que, étant par définition un changement dans l'étendue, il n'existe plus que comme une simple apparence du moment que l'étendue n'a pas de réalité objective. La seule chose réelle est la force, des forces semblables à celle que nous sommes et qui n'ont pas besoin de l'étendue pour agir. *Notre volonté peut agir sur notre intelligence. Cela se passe en dehors de l'étendue. Il en est de même du monde extérieur.*

Voyons maintenant quelles sont les différentes théories faites sur le monde extérieur. On trouve d'abord deux grandes branches, l'idéalisme et le réalisme. L'idéalisme conclut à la non-objectivité du monde extérieur. Le réalisme l'accepte au contraire comme existant réellement. Notre doctrine est donc une doctrine réaliste.

Mais il y a différentes sortes de réalisme.

On peut se représenter le monde extérieur comme formé de parties d'étendue en mouvement : c'est là le mécanisme ou le dynamisme ; théorie de *Descartes*.

On peut se le représenter comme composé d'êtres semblables à nous, chez qui la conscience est presque entièrement éteinte. Le réalisme s'appelle alors spiritualisme.

D'après cette doctrine, que nous avons acceptée, il n'y a pas dans la nature de brusque solution de continuité ; depuis l'esprit parfait jusqu'à la matière inorganique, tout est esprit, tout est force. Il n'y a qu'une question de degré dans la conscience.

Quant à l'étendue, au mouvement, aux qualités premières et secondes, ce ne sont que des apparences dues uniquement à la déformation subies par les choses quand elles arrivent jusqu'à nous par l'intermédiaire des sens.

Toutes ces propriétés mortes, inertes, n'existent pas. Tout dans la nature est vivant, est animé.

Cette doctrine a ses fondements chez *Aristote*. Mais le plus grand génie qui y ait attaché son nom est *Leibniz*.

La matière est une abstraction :

On remarquera que les animaux [l'homme compris] n'ont aucun moyen de se représenter un être non vivant ; ils ne connaissent qu'eux-mêmes et par eux tout le reste. On sait que les enfants personnifient tout : le feu, la cheminée, la voiture.

La conception scientifique d'une matière inerte ne s'obtient que par une longue éducation qui unit l'esprit capable d'abstraire ; très certainement les animaux et les sauvages n'y atteignent jamais. (*The Physical Basis of Mind*, 308).

Chapitre IX
La conscience

I - Les conditions de la conscience

La conscience est la faculté qui nous fait connaître les phénomènes intérieurs. Examinons comme pour les phénomènes de la perception extérieure quelles sont les conditions de la perception intérieure.

Il faut d'abord qu'il se produise une modification du moi. Tout phénomène est une connaissance. Pour qu'il y ait connaissance, il faut qu'il y ait *quelque chose à connaître*. Ce quelque chose est la *modification psychique*. C'est là l'objet de la connaissance par la conscience. C'est ce qui correspond à la première condition de la perception extérieure.

Il faut en outre *un sujet* de cette connaissance. Ce sujet est *le moi*. La seconde condition de la perception intérieure sera donc l'intervention du moi, car le moi seul connaît. Nous retrouvons donc dans la conscience toutes les conditions de la perception extérieure, sauf la nécessité d'un sens servant d'intermédiaire entre l'objet et le sujet. Telles sont les conditions de la perception intérieure.

On a dit que certains de nos phénomènes intérieurs ne présentaient pas toutes les conditions requises et ne pouvaient dès lors être observés par la conscience. *Leibniz* le premier a attiré sur ce point l'attention des philosophes. Le monde intérieur se composait selon lui de perceptions et d'aperceptions. Les derniers de ces phénomènes avaient seul le privilège d'être pleinement conscients. Cette idée de *Leibniz* a fait fortune. Une doctrine entière s'est formée de nos jours en l'ayant pour base. Les deux plus libres représentants en sont Schopenhauer : *Le monde comme volonté et représentation et Hartmann : Philosophie de l'inconscient*.

Il y a en effet dans le monde intérieur des phénomènes cités de tout temps par les partisans de la théorie de l'inconscient qui sont l'objet d'une conscience très faible ou nulle. En voici quelques exemples.

En se promenant sur le bord de la mer, on n'entend pas les bruits élémentaires formés par les chocs de chaque molécule d'eau contre les autres ou contre la plage. Nous n'entendons que le bruit total. Mais pour que ce résultat se produise, il faut que le moi ait subi une modification. Cette modification est la somme des modifications élémentaires. Ces modifications élémentaires se produisent donc, et nous ne les percevons pas. Voilà un premier phénomène psychique inconscient.

Sous l'influence de l'habitude, certains phénomènes d'abord conscients, deviennent inconscients. Il en est ainsi, par exemple, des mouvements nerveux qu'on appelle des tics. Le meunier n'entend plus le bruit de son moulin. Si le bruit cesse, il s'en aperçoit, preuve qu'il percevait le bruit sans en avoir conscience.

Une grande passion peut produire le même résultat. Un soldat blessé, au milieu du combat, ne sent sa blessure que la bataille une fois terminée. La douleur s'est pourtant produite, a été perçue, mais inconsciemment. Si l'on est la proie d'une idée fixe on voit les objets placés devant les yeux, mais on n'a pas conscience de cette perception. Et la preuve qu'elle a cependant réellement lieu, c'est que si un mouvement vient à se produire, on s'en aperçoit immédiatement et l'on a alors conscience de cette perception.

En outre, il arrive qu'en ayant donné à notre réflexion une impulsion consciente, le mouvement de l'intelligence continue inconsciemment. On cherche une citation qu'on ne retrouve pas. On cesse d'y songer. Au bout de quelque temps elle se représente comme d'elle-même à l'esprit. Il y a donc eu travail inconscient. Il se produit la même chose pour la solution d'un problème que l'on ne peut trouver.

Eduard de Hartmann a systématisé tous les faits qui établissent l'existence de phénomènes inconscients. Il a montré que la mémoire supposait l'inconscience, car la modification psychique qui devient consciente au moment du souvenir existait inconsciemment auparavant. Il a fait voir que l'instinct témoigne aussi manifestement de l'existence de phénomènes inconscients. En effet, si l'instinct était conscient, il supposerait chez les animaux un sens de prévision infiniment plus développé que celui des hommes. Si c'était consciemment que l'abeille bâtit les cellules destinées à recevoir son miel, il faudrait croire qu'elle sait la géométrie. On pourrait en dire autant des inexplicables instincts de la plupart des animaux.

Hartmann conclut de là que le fond du moi est formé par les phénomènes inconscients, et que les phénomènes conscients n'en sont que les conséquences. *Le monde du conscient a ses racines dans le monde de l'inconscient.* C'est seulement par illusion que le vulgaire place tout le moi dans le conscient. On croit avoir une fin, un but, une volonté personnelle, et l'on n'est qu'un instrument dans la main de l'Inconscient. Nous retrouvons ici les tendances pessimistes du système de Hartmann. Il faudrait donc ou se laisser tromper pour être heureux, ou se résigner à être malheureux si l'on veut se rendre compte de la vrai nature des choses.

Laissant de côté les tristes conséquences métaphysiques et morales de la doctrine de Hartmann, on peut facilement faire voir que ce système ne repose pas sur une base bien solide. Il n'est pas démontré par les exemples donnés qu'il y ait des phénomènes absolument inconscients. Tous s'expliquent aussi bien dans le cas d'une conscience extrêmement faible que dans celui d'une conscience absolument nulle. D'ailleurs, comment rentreraient-ils dans le moi conscient s'ils en étaient absolument sortis ?

Cette réfutation s'appuie même sur des faits. Dans certains cas, on se souvient en réfléchissant ensuite de ce travail lent dont on n'avait pas conscience quand il se produisait. Prenons l'exemple d'une citation ou d'une solution que l'esprit cherche inconsciemment. Jusqu'au moment où elle est trouvée, l'esprit ressent une certaine tension, une certaine fatigue qu'il n'attribue à rien de précis, mais qui prouve bien que l'on a une certaine conscience de cette réflexion prétendue inconsciente.

En outre, *comment se représenter un phénomène psychique inconscient ?* il y a contradiction. Un adage latin nous dit : *Intelligere nil abud est quam sentire se intelligere.* Que deviendrait un phénomène psychique qui sortirait de la conscience, et comment y rentrerait-il une fois sorti ? Supposer qu'une partie de l'âme est soustraite au regard de la conscience est donc arbitraire et nous pouvons conclure contre de Hartmann qu'il n'y a pas dans la vie psychologique d'inconscience absolue.

II - De l'origine de l'idée du moi

Tous les philosophes s'accordent pour assigner comme objet à la conscience la connaissance des phénomènes psychologiques. Mais la conscience ne nous fait-elle connaître que ces seuls phénomènes ? C'est ce qui nous reste à examiner.

Dans l'état actuel, la conscience nous fait encore voir un être, le moi qui s'affirme sans cesse et auquel nous rapportons tous ces phénomènes. Le pronom Je ou Moi exprimé ou sous-entendu, est le sujet de toutes nos phrases. "Il fait chaud" veut dire j'éprouve une sensation de chaleur. "Le monde extérieur existe" veut dire : "Je tiens le monde extérieur pour existant." Le moi nous apparaît donc comme le centre auquel viennent aboutir tous nos états de conscience. C'est lui qui fait l'unité de notre vie intérieure. Actuellement, cette idée est bien établie en nous. Il nous reste à voir si cette idée est *une invention, une construction* de notre esprit, ou si elle nous est donnée par la conscience. Nous abordons ici une question tout à fait analogue à celle que nous avons traitée sous le titre de : Origine de l'idée d'extériorité. Nous allons donc employer pour étudier l'origine de l'idée de moi la même méthode qui nous a déjà servi.

Toute idée est *construite* ou donnée. L'idée du moi est-elle construite ? Parmi les matériaux qui peuvent servir à cela, nous ne voyons que les états de conscience. La méthode consisterait donc à dégager des états de conscience un ou plusieurs caractères communs ayant quelque analogie avec ce qui constitue aujourd'hui l'idée du moi. Cette idée pourrait-on dire alors, s'est formée par *généralisation* comme l'idée de la pesanteur.

Entre tous les philosophes qui ont engagé cette genèse, *M. Taine* est celui qui a produit la plus parfaite et la plus systématique. Voici selon lui comment se construit l'idée de moi :

Nos états de conscience peuvent être repartis en deux catégories. Les uns se rapportent à quelque chose d'extérieur à eux. On les nomme perceptions ou sensations *extérieures*. D'autres, les émotions par exemple, ne supposent *rien en dehors d'eux*.

Par rapport à ces derniers, les perceptions nous apparaissent comme extérieures. Les seconds, par rapport aux perceptions, ont donc tous cette propriété commune d'être en dedans. L'idée de dedans implique nécessairement l'idée d'un contenant. C'est ce contenant fictif que nous nommons le moi.

Ce raisonnement repose tout entier sur l'identification des deux idées de moi et de dedans. Cette identification est-elle légitime ? Le moi ne nous apparaît-il pas plutôt comme un centre, un point de convergence où viennent se centraliser tous les états de conscience plutôt qu'une enceinte les comprenant ? Prenons des comparaisons dans la géométrie. L'idée de dedans représenterait assez bien une sphère, l'idée de moi le centre de cette sphère. Les rayons représentant alors les états de conscience, sont enfermés dans la sphère et convergent au moi. Entre la sphère et son centre, entre l'idée de dedans et celle de moi, il y a de grands rapports ; mais on ne peut faire de leur identification la base d'un raisonnement.

Examinons maintenant le raisonnement de M. Taine. La prémisse suppose des états de conscience données en dehors du moi. Est-ce possible ? Tout état de conscience est une connaissance, et toute connaissance veut *un sujet et un objet*. Supprimez le sujet, il ne reste rien. Or le sujet dans le cas présent est le moi. Supprimez-le, il n'y a plus d'états de conscience.

Condillac, pour montrer comment la perception extérieure forme toute la connaissance, imagine une statue dont il ouvre un à un tous les sens. Le premier ouvert est l'odorat. Une rose est approchée de la statue, et celle-ci, dit Condillac, perçoit l'odeur de rose. - La statue ne pourra sentir que si elle s'est d'abord posée indépendante de cette odeur, et ne sentira la *modification* odorante apportée à son moi que si elle a conscience de son moi en dehors de ce phénomène. Sinon, il est impossible qu'il y ait sensation.

Le *moi* est donc l'antécédent indispensable de tout état de conscience. Les états de conscience inconscients qu'admet *M. Taine* au début de son raisonnement impliquent contradiction.

Mais, objectent les positivistes, nous n'admettons point l'inconscience des états de conscience. Chacun d'eux est conscient par lui-même et votre raisonnement ne saurait attaquer celui de *M. Taine* puisque vous démontrez seulement qu'un phénomène de ce genre ne peut être inconscient et n'existe que quand il a reçu la conscience, ce qui, selon vous, le moi seul peut lui donner.

Mais en donnant ainsi sa conscience particulière à chacun de ces états de conscience, les positivistes ne font que multiplier la difficulté. Chacun d'eux aurait alors son moi distinct et la même question se poserait encore : Comment ont-ils une idée de moi ?

L'idée de moi ne peut donc pas être construite. Elle est donc donnée. Comment nous est-elle donnée ?

Ici au contraire de la perception extérieure, l'idée cherchée est en nous, est nous. Il n'y a pas entre elle et nous l'abîme qui sépare de nous le monde extérieur. Il n'y a pas les différents milieux qui le déforment en nous le présentant. Nous *l'apercevons directement* par l'œil de la conscience. En même temps que le phénomène, la conscience nous fait connaître le moi. L'idée de moi est donnée distinctement dans la conscience.

Le moi existe-t-il ? Telle serait la question analogue à celle que nous nous sommes proposées après avoir montré comment nous était donnée l'idée d'extériorité. Mais ici, l'expérience même nous prouve que le moi existe. Nous le voyons, nous *ne pouvons pas supposer sa non-existence*. Il est donc prouvé que le moi existe par le fait même de l'idée que nous en avons.

III - De la nature du moi

Nous savons que le moi existe. Qu'est-il ? C'est ce qui nous reste à voir. Nous retrouvons ici, comme question préalable, une théorie que nous avons déjà examinée à un autre point de vue. Il s'agit de savoir si, comme le prétendent certains philosophes, il y a en nous, outre le moi, quelque chose de distinct du corps, si, de quelque façon, le monde intérieur déborde le monde que nous montre la conscience, si l'âme en un mot est plus grande que le moi.

Telle est, par exemple, l'opinion de *Maine de Biran*. Pour lui, il y a sous le moi une autre réalité qui sert de *substratum à la réalité consciente*. Par opposition au moi actif, il nomme cette autre partie de nous substance. *Victor Cousin* croyait également qu'il y avait en dehors du moi quelque chose qui échappait à la conscience et dont le raisonnement seul indiquait l'existence.

Cette théorie est déjà réfutée par ce que nous avons dit de M. de Hartmann et de la Philosophie de l'inconscient. Il ne peut y avoir de faits psychiques inconscients. Ce concept d'ailleurs est vague, vide, indéterminé. Quelle est la nature de cet être inconscient ? Par définition même, il n'est pas actif, car il donnerait alors naissance à des phénomènes qui tous tomberaient sous l'observation de la conscience, ce qui n'est pas. N'ayant pas d'action, il ne serait que le fondement des actions du moi. Le seul rôle que lui donne de Biran est de servir de support au moi. Mais on ne peut se représenter un pareil être. Le concept de la substance est donc absolument *vide de sens précis*.

Hors de que nous donne la conscience, il n'y a donc rien. Les limites de l'âme et du moi coïncident exactement.

Ceci établi, voyons quelle est la nature du moi. C'est à la fois la conscience et le raisonnement qui vont nous en montrer les qualités essentielles.

Le *moi* a trois attributs naturels :

1. *L'unité*. Le moi est un. Cela veut dire qu'il est indivisible, ne comporte pas de parties. C'est ce que nous atteste l'observation immédiate par la conscience. C'est aussi ce que confirme le raisonnement. Il est certain que nous avons l'idée d'unité. Cette idée nous vient ou de l'extérieur ou de l'intérieur. Elle ne peut venir de l'extérieur, où tout est multiple et est perçu par nous comme indéfiniment divisible. L'idée d'unité ne nous vient pas du monde extérieur : nous la tirons donc de nous-mêmes.

2. *L'identité*. Malgré tous les changements qui peuvent survenir, le moi est et se sent identique à lui-même. Le raisonnement est le même que pour l'unité. Dans le monde extérieur, tout change, rien ne reste longtemps identique à soi-même. Ce ne peut donc être que de nous-mêmes que nous tirons l'idée de l'identité. Cette idée d'identité est en outre une des conditions nécessaires de la mémoire.

3. *La causalité*. Le moi est une cause. Nous sentons que c'est nous qui causons nos actions. Nous pouvons voir l'action sortir, pour ainsi dire, de notre volonté. Nous savons en outre ce que c'est qu'une cause. D'où nous viendrait cette idée, sinon de la connaissance que nous avons de la cause que nous sommes ? Le monde extérieur nous fait voir uniquement des phénomènes, se succédant les uns aux autres. De cause, on n'en perçoit pas. On dit bien que le mouvement cause de la chaleur. Cela signifie seulement que nous voyons toujours le mouvement précède la chaleur. Mais c'est en nous seulement que nous apercevons une cause produisant son effet. L'idée de cause est donc prise dans le moi.

Un être ayant l'unité, l'identité, la causalité, est ce qu'on nomme *une personne*. Pour qu'un être soit une personne il faut d'abord, c'est évident, qu'il soit un et identique. Il faut de plus que les actions qu'il produit émanent de lui et rien que de lui. En effet, c'est là ce qui distingue la personne de la chose. Cette dernière n'agit que si un choc vient la mettre en mouvement. La personne au contraire a pour qualité propre de tirer son action d'elle-même. Tous les hommes sont *au même degré uns et identiques*. Mais tous ne sont pas au même degré cause de leurs actions. Il est vrai de dire que chez aucun la causalité n'est nulle. Mais il en est qui ont plus ou moins de volonté. Les uns ne font rien qu'ils n'aient voulu. Les autres ne sont que des instruments entre les mains des personnes ou des choses avoisinantes. Ils ne font rien que par une impulsion étrangère. Leurs actions ne sont que l'écho du monde extérieur.

Tous les *moi* ne sont donc pas *personnes au même degré*. Tous le sont, mais il y a des différences telles qu'elles doivent être remarquées.

L'étude de la conscience est maintenant terminée. Nous avons vu ses conditions, son objet ; nous avons critiqué l'objectivité des idées qu'elles nous fournissaient. Nous sommes donc en même de résoudre la question suivante :

La conscience est-elle ou non une faculté distincte ?

Ceux qui résolvent négativement cette question appuient leur opinion de cet argument. L'objet de la conscience se confond avec celui de toutes les autres facultés, puisque cet objet se compose des états de conscience de l'intelligence, de la mémoire, de la volonté, de la sensibilité. Nous ne lui devons donc pas d'idée qui vienne d'elle et d'elle seule.

Il en serait ainsi si la conscience ne nous montrait que des phénomènes. Mais nous l'avons vu, elle nous fait connaître de plus le moi et ses attributs. Voilà donc des idées que seule la conscience nous donne. Elle a donc son domaine propre et distinct nous donne des idées que nous n'aurions pas sans elle. Elle est donc une faculté distincte.

La conscience jointe à la perception extérieur donne l'expérience. Ces deux facultés sont nommées facultés expérimentales. Nous allons examiner plus tard si l'expérience suffit à expliquer toutes nous connaissances.

Chapitre X

La raison

I - Définition de la raison

Les deux facultés que nous venons d'examiner, la perception extérieure et la conscience, forment l'expérience. L'expérience suffit-elle à tout expliquer, ou est-il nécessaire d'admettre chez nous d'autres facultés, c'est ce que nous allons examiner.

Pour cela déterminons les caractères des jugements donnés par l'expérience. Si nous trouvons en nous des jugements dont les caractères soient irréductibles aux premiers, nous en conclurons qu'il y a en nous une autre faculté.

Le caractère des jugements dus à l'expérience est d'être *contingents*, c'est-à-dire tels que l'esprit puisse concevoir le jugement contradictoire.

Prenons un exemple dans la perception extérieure. C'est une vérité presque universellement admise que les corps tombent suivant la verticale. Nous concevons très bien cependant qu'ils puissent suivre une autre direction. Épicure suppose même que primitivement, les atomes suivaient une direction régulièrement oblique. Le jugement énoncé est donc contingent.

Prenons un autre exemple. Je dis : "L'homme est un être sensible." Nous admettons cela, mais nous concevons un être qui aurait toutes les autres facultés de l'homme, la seule sensibilité exceptée. Ce jugement est donc également contingent.

Prenons tous les jugements dus à l'expérience. Tous, nous les trouverons contingents. Et comment en serait-il autrement ? Qui pourrait donc nous empêcher de concevoir la proposition contradictoire ? Les jugements formés sous l'influence des faits ne lient aucunement l'esprit. Il reste indépendant, et conçoit facilement qu'ils se puissent produire autrement qu'ils ne le font.

Voici maintenant une autre vérité : "Tout phénomène a une cause." La contradictoire, dans ce cas-ci, est inconcevable. La proposition, dans ce cas, est dite *nécessaire*. Voilà donc un jugement présentant le caractère opposé à celui des jugements donnés par l'expérience. Il faut donc qu'il y ait une faculté donnant les jugements de ce genre ; nous l'appelons raison.

Quelquefois, les jugements de cette forme ont été dits universels au lieu de nécessaires. Cela est moins bon. Il peut se trouver un jugement expérimental qui soit adopté universellement ; on doit toutefois reconnaître que si l'esprit humain ne peut se représenter la contradictoire, la proposition forcément sera universellement admise. Néanmoins, à cause de la difficulté signalée plus haut, nous admettrons purement et simplement la première expression et nous dirons :

La raison est la faculté qui nous donne les vérités nécessaires.

Mais comment y a-t-il des vérités nécessaires ? Nous venons de dire que les propositions nécessaires sont les vérités telles que la contradictoire soit inconcevable. On peut dire encore : C'est un jugement tel que l'on ne puisse en séparer les termes.

D'où vient cette *impossibilité* ? De ce que les deux termes ne nous sont jamais présentés l'un sans l'autre dans l'expérience ? Ce n'est pas assez - l'expérience ne nous ôte pas la liberté de concevoir la contradictoire. Si cette impossibilité ne nous vient pas des choses, c'est qu'elle est *inhérente à la nature même de l'esprit.*

S'il y a des vérités nécessaires, c'est donc qu'il y a des jugements que par sa nature, l'esprit ne peut pas concevoir, qu'il y a antagonisme entre eux et la forme de notre esprit, tandis que certains autres, contradictoires des premiers, dérivent de la nature même de l'esprit.

Or, *ce qui dérive de la nature d'un être*, c'est ce qu'on nomme *les lois* de cet être. Les jugements nécessaires ne sont donc que les lois de notre esprit, et l'on dit :

La raison est l'ensemble des lois de l'esprit.

Puisque l'esprit a une nature et des lois déterminées, et que le monde extérieur a également une nature et des lois, les choses ne seront connues du moi que si elles sont *en harmonie avec* les lois de notre esprit. Or la connaissance des choses par le moi c'est l'expérience.

On peut dire encore que ces jugements nécessaires et dérivant de la nature même de l'esprit nous sont donnés *a priori*. On a dit quelquefois qu'ils étaient innés. Il ne faut pas donner à ce mot le sens de : existant avant toute expérience. Il n'y a pas d'idées toutes faites, gravées dans notre esprit antérieurement à l'expérience. Avant elle, il n'y a rien. L'innéité comprise ainsi est un mot vide de sens.

Mais, dès que l'expérience commence, l'esprit agit forcément suivant ses lois. Dès qu'il pense, il rapporte nécessairement les phénomènes à des causes. Les vérités nécessaires sont à l'esprit ce que la pesanteur est aux corps. C'est une propriété découlant de sa nature même et l'exprimant.

Cette façon d'entendre la raison a parfois été combattue. Pour certains philosophes, les vérités nécessaires sont dues à l'action exercée sur notre esprit par un monde supra expérimental avec lequel nous aurions certaines relations plus ou moins mystérieuses. *Platon* est un des représentants de cette doctrine.

Ce qui donne leur caractère d'universalité aux propositions nécessaires, c'est que toutes les intelligences humaines ne sont qu'un reflet de ce monde idéal qu'il nomme soleil *intelligible* et avec qui, s'il venait à disparaître, s'évanouirait la raison humaine.

C'est vers cette théorie que semblait pencher *Victor Cousin*. *M. Bouillier*, un de ses disciples, a fait un ouvrage dans ce sens : *De la raison impersonnelle.*

La raison que nous admettons est au contraire, absolument personnelle. Elle ne dépend pas d'une cause extérieure, n'est pas un reflet d'un monde supérieur. C'est seulement l'expression de la nature propre de chacun de nous. Le plus illustre partisan de la raison ainsi comprise est *Kant.*

Les vérités nécessaires dérivent d'une généralisation d'expérience. Voici comment il faut entendre cette idée :

On obtient les principes rationnels en voyant que l'un des termes disparaissant, l'autre disparaît aussi, preuve qu'il lui est invariablement lié. Cette expérience se fait très rapidement, mais n'en est pas moins nécessaire. L'opération est analogue à celle qui permet de constater que c'est la pesanteur de l'air qui fait monter le mercure dans le tube barométrique : mis sous la machine pneumatique, la pression de l'air cesse et le phénomène cesse. C'est ainsi que nous apprenons leur indissoluble liaison.

II - Les données de la raison.

Nous avons vu que les principes rationnels dérivent de la nature même de l'esprit. Si nous parvenions à saisir dans son essence la nature de l'esprit, nous en déduirions toute la suite des principes de la raison. En quoi consiste donc l'essence de l'esprit ? *Dans le besoin d'unité*, de simplicité. L'esprit est simple, et ne comprend bien que ce qui est simple. Aussi ce que nous saisissons le mieux, ce sont les figures de géométrie car elles ne sont composées que d'espace, et l'espace est homogène. Ce besoin de simplicité est tel que, lorsque l'esprit examinera *les choses concrètes*, qui sont nécessairement multiples, il devra les voir par un biais qui lui permette de se les représenter comme simples. Sans doute, il ne les simplifiera jamais aussi absolument que des figures de géométrie mais il y introduira du moins une certaine unité, un certain ordre. Les lois de l'esprit, puisqu'elles en expriment la nature, ont donc pour but de nous représenter les choses dans un certain ordre avec une certaine unité. Nous ne voulons pas trancher la question de savoir si l'ordre exigé par l'esprit existe réellement dans les choses. Nous établissons seulement que *cet ordre est exigé par la nature de l'esprit*.

Les principes rationnels servent donc à mettre de l'ordre dans la connaissance. Sans avoir la prétention d'arriver à une déduction absolument mathématique des vérités nécessaires, nous allons essayer d'obtenir aussi régulièrement que possible les divers principes rationnels.

Ce qui est donné est multiple, et l'esprit veut y mettre de l'ordre. Pour cela, il faut d'abord que tous les termes de cette multiplicité donnée dans l'expérience reçoivent une sorte *d'ordre extérieur*, c'est-à-dire que suivant leur nature ils soient localisés dans des *milieux* différents. Or, il y a deux grandes espèces de connaissances expérimentales, les intérieures et les extérieures. Nous devons donc localiser chacune de ces deux espèces d'états de conscience dans des milieux différents. Le milieu dans lequel nous situons les connaissances données par les sens, *c'est l'espace*. Celui dans lequel nous situons les connaissances données par la conscience, *c'est le temps*.

Donc, dès que commence l'expérience, l'esprit répartit les phénomènes en deux groupes qu'il projette l'un dans l'espace et l'autre dans le temps ; dès qu'il pensera, il pensera les phénomènes psychologiques comme durant et les phénomènes extérieurs comme coexistant.

D'où se déduisent les deux principes rationnels suivants : *Tous les états de conscience sont dans le temps, tous les phénomènes donnés par la sensation sont dans l'espace.*

Mais ce premier ordre, tout extérieur ne peut suffire. Il faut qu'entre les choses, l'esprit conçoive un ordre supérieur. Entre les choses enfermées dans chacune de ces catégories, il y a certaines relations. L'esprit est en effet nécessairement amené à concevoir les phénomènes comme les modifications d'un être, d'une réalité indépendante de l'intelligence existant par elle-même et qu'on appelle la substance. D'où le principe rationnel suivant : *Tous les phénomènes sont des modifications d'une substance.*

Voilà donc un second classement déjà plus complet. L'esprit forme alors, parmi les divers phénomènes des groupes au centre desquels est un être. Mais quels sont les rapports des phénomènes entre eux ?

Il est nécessaire qu'ils soient dans un ordre déterminé. L'esprit en effet ne peut concevoir un phénomène sans supposer un autre phénomène comme *condition* du premier. On nomme la première cause, le second *effet*. D'où le principe rationnel : Tout phénomène a une cause. Nous ne disons pas : tout effet a une cause. Ce serait trop évident. Mais l'idée de phénomène n'implique pas l'idée de cause comme ferait le mot effet. C'est sous l'influence du principe de causalité que nous nous représentons le monde comme composé d'immenses séries de phénomènes où chaque terme est effet d'un côté, cause de l'autre.

Mais cet ordre est encore insuffisant. Entre ces diverses séries, il y a des rapports à établir. L'esprit est ainsi amené à se représenter ces séries de phénomènes comme convergeant vers certains points qui en sont la fin, le but commun. D'où le principe rationnel : *Tout phénomène ou toute série de phénomènes a une fin.* Quand nous pensons le monde sous la forme de la finalité, nous nous le représentons comme formé de systèmes aboutissant à un même centre.

Nous avons donc cinq principes rationnels, grâce auxquels nous connaissons les choses, et que *Kant* nomme pour cette raison principes constitutifs de l'expérience. Ce sont les principes de temps, d'espace, de substance, de causalité et de finalité.

Ces divers principes constituent notre connaissance. Mais notre connaissance une fois constituée a elle-même ses lois, nos connaissances ayant entre elles certaines relations. D'où l'on tire un nouveau principe nommé par *Kant*, le principe *régulateur* de la connaissance. C'est le principe dit *d'identité* et de contradiction. Il s'énonce ainsi : *Tout ce qui est, est ; une chose ne peut pas être au même moment et au même point de vue elle-même et son contraire.* Telle est la loi qui détermine les relations de nos connaissances.

Leibniz avait déjà vu qu'il y avait deux sortes de principes dans les vérités nécessaires. Il réunissait ceux que *Kant* nomme *principes constitutifs* dans celui de *raison suffisante*, et mettait en regard le principe d'identité. [Lalande note : "*Leibniz* faisait même dériver le principe d'identité et de contradiction du principe de raison suffisante. Mais c'est là une *déduction* et toute déduction est basée sur le principe d'identité et de contradiction. Il y a là un cercle vicieux. "Il y a deux grands principes de nos raisonnement : l'un est le principe de la contradiction qui porte que de deux propositions contradictoires, l'une est vraie et l'autre fausse ; l'autre est celui de la raison déterminante, c'est que jamais rien n'arrive sans qu'il y ait une cause ou du moins une raison déterminante, c'est-à-dire (quelque chose) qui puisse servir à rendre *a priori* pourquoi cela est existant plutôt que de toute autre façon." Leibniz, *Théodicée* 44.]

N'admettant pas le temps et l'espace comme donnés *a priori*, il énonçait ainsi le premier des deux principes qu'il admettait : *Tout ce qui est a une raison d'être.*

Quoiqu'il en soit, il y a deux espèces différentes de principes rationnels ; les uns règlent les acquisitions de connaissances ; les seconds, les connaissances acquises. Ces derniers sont les lois du raisonnement, les fondements de la logique.

III - Les données de la raison : Les idées rationnelles ou premières.

La raison nous est apparue jusqu'ici comme la faculté qui, dès l'origine de l'expérience et sans le secours de cette dernière, unit deux idées données. Il y a lieu de se demander *d'où nous viennent les idées* que nous unissons dans les jugements rationnels. Tous ont un sujet commun, qui est *le phénomène.* Il suffit pour cela de se reporter aux définitions déjà données. On pouvait d'ailleurs le prévoir *a priori.* Les propositions nécessaires ne font qu'exprimer les conditions auxquelles est soumise l'expérience. Chacun d'eux devra donc contenir deux termes : *la partie d'expérience dont on parle*, et d'autre part, ses conditions. Le type de tous les jugements rationnels est celui-ci : *Les phénomènes* de telle ou telle espèce sont soumis à telle ou telle *condition*.

Nous voyons donc que des deux idées qui composent un jugement rationnel, l'une, la première, a une origine qui nous est connue, l'expérience. Mais les autres, d'où nous viennent-elles ? Elles doivent nécessairement se produire en nous *indépendamment de l'expérience* car sans cela il serait impossible d'y rattacher sans le concours de l'expérience le phénomène donné. Ce sont donc des idées *a priori*, qu'on appelle encore idées rationnelles ou idées premières. Ce sont les idées de temps, d'espace, de substance, de cause et de fin.

Pour expliquer leur présence dans l'esprit, *Kant* les conçoit comme des "*formes déterminées*", des moules dont les phénomènes prennent les formes en étant perçus par nous. L'esprit *constate donc simplement cette subsumption* et quand il l'a constatée un certain nombre de fois, il en tire un *jugement* de cette forme : *Tous les phénomènes extérieurs sont subsumés sous le concept de l'espace*. C'est de là que l'on tire le principe rationnel : Tous les phénomènes extérieurs sont situés dans l'espace. Il faut remarquer que *Kant* réserve plus spécialement le nom de formes au temps et à l'espace, qu'il nomme *formes a priori de la sensibilité*. Il nomme les autres idées rationnelles *concepts a priori ou catégories de l'entendement*.

Examinons successivement les diverses idées rationnelles. Prenons d'abord le temps et l'espace, notions corrélatives. On a quelquefois contesté l'origine *a priori* de ces idées, et l'on a essayé d'en faire la genèse empirique. La plus remarquable est celle de *M. Herbert Spencer*. Selon lui, à l'origine de l'expérience, nous n'avons pas l'idée de temps, mais seulement des *états de conscience* ayant entre eux de *certains rapports de position*. Les uns sont avant, les autres après. Tous présentent ce caractère. Nous le généralisons. Nous nous représentons d'une manière abstraite les états de conscience comme successifs : c'est ainsi que nous nous formons l'idée de temps, cause de la position relative des états de conscience.

Pour M. *Herbert Spencer*, l'idée d'espace se construit au moyen de celle de temps. Ce qui définit l'espace est la coexistence. Il faut donc voir comment nous construisons l'idée de coexistence. Je touche un point A. Continuant le mouvement commencé, je touche un point B, puis un troisième point C. Arrivé là je fais le mouvement inverse et je retouche B, puis A. J'ai les mêmes sensations, l'ordre seul en est interverti. Il en résulte que, quand j'étais en B, C et A existaient encore puisque j'ai pu en avoir la sensation quand je suis revenu. J'apprends donc par là que A, B, C *coexistent*. L'idée de coexistence et celle d'espace qui en dérivent se réduiraient donc à la possibilité *d'intervertir l'ordre d'une série d'états de conscience.*

Pour réfuter cette théorie, nous ferons d'abord remarquer que l'esprit, s'il n'avait auparavant *l'idée de temps* ne se représenterait pas les états de conscience comme situés les uns avant ou après les autres. Vouloir se servir de cette idée pour construire l'idée de durée est un cercle vicieux. Ce raisonnement n'a pas de valeur.

Pour ce qui est de la construction de l'idée d'espace rien ne prouve que quand je suis en C, B et A n'ont pas disparu. Et en effet il y a certains états de conscience dont l'ordre peut être interverti sans qu'on en induise une coexistence. Quand j'entends monter et descendre une gamme, par exemple, je ne conclus point à la coexistence des notes émises.

Il faut donc admettre l'origine *a priori* de ces idées.

On voit là dans quel sens il est vrai de dire que les *figures géométriques* sont *a priori*. On a quelquefois soutenu qu'elles n'étaient que des *généralisations* et des *abstractions*, formées en prenant les figures données par l'expérience et abstrayant la seule étendue. Ainsi comment se forme l'idée de triangle ? Nous observons dans la nature une foule de triangles : nous en abstrayons un triangle idéal.

Mais cette théorie vient échouer contre le fait suivant. Il n'y a dans une généralisation *rien de plus* que les choses généralisées. Il n'y a rien de plus dans l'idée d'humanité que dans celle de chaque homme pris en particulier. Si donc les figures géométriques sont une simple généralisation, elles n'auront que les caractères communs des formes réelles des choses. Or elles ont un caractère de plus, *la perfection*. Il n'existe dans le monde ni un triangle, ni un cercle parfait. Ce caractère de perfection, qui caractérise précisément les figures géométriques, ne saurait donc être obtenu par généralisation.

Voici comment l'esprit construit *a priori* les figures géométriques. Il a l'espace, limite supérieure, et le point limite inférieure de l'étendue. Le mouvement du point dans l'espace donne les figures géométriques. Les figures géométriques ne sont donc pas données *a priori*, mais construits *par l'activité propre* de l'esprit. Les deux seuls facteurs en sont l'idée *a priori* d'espace et l'activité de l'esprit. C'est pour cela que les sciences mathématiques sont si claires (et que la définition par génération nous paraît la meilleure de toutes). Nous n'en comprenons si bien les objets que parce que c'est nous *qui les avons faits tout entiers*.

Pour les idées de substance, de finalité et de causalité, il y a des difficultés, communes d'ailleurs à ces trois idées. *Maine de Biran* et Cousin les font venir de la conscience ; nous-mêmes avons reconnu que c'était dans la conscience seule que nous était donnée l'idée de cause. Pour Maine de Biran, le principe de causalité n'est qu'une généralisation de cette observation intérieure. Il en serait de même de la substance et de la finalité. Pour *Victor Cousin*, le *principe* de causalité est bien *a priori*, mais l'idée de cause nous est donnée *expérimentalement*. Mais alors on ne se représente pas bien comment le principe peut être *a priori* alors qu'aucune des idées renfermées par ce principe ne serait *a priori*.

Comment accorderons-nous cette contradiction ? C'est que ces trois idées, *en tant que données par l'expérience* et ces mêmes idées, *en tant que données par la raison*, ne sont pas identiques. La raison par exemple nous oblige à rapporter les phénomènes à quelque chose d'autre qu'eux. Mais ce qu'est cet être la raison ne le dit pas. L'expérience intervient alors et nous donne *la représentation concrète de l'idée de substance*.

Pour le principe de causalité, la raison nous donne bien l'idée de cause. On la conçoit alors simplement comme *l'antécédent nécessaire d'un phénomène*. Mais ce qu'est au juste une cause, c'est seulement l'expérience intérieure qui nous le montre en nous faisant voir comment la cause que nous sommes produit ses effets.

D'après la raison, l'idée de fin n'est que celle du point où convergent plusieurs séries de phénomènes. Cette idée est toute abstraite. Pour nous en former une idée concrète, il faut que l'expérience nous montre *l'intelligence délibérant* en vue d'un but à atteindre. Alors, ou bien nous disons que les choses vont d'elles-mêmes à leur fin par une conscience confuse. C'est l'hypothèse de la *finalité immanente*. Ou bien, si on ne l'admet pas dans les choses, il faut supposer en dehors de l'univers une intelligence analogue à la nôtre, disposant les choses en vue de fins connues d'elle.

La raison nous donne les conditions de l'expérience d'une manière abstraite et générale. L'expérience nous permet seule de nous le représenter d'une manière plus concrète.

Suivant certains philosophes, outre les idées que nous venons d'énumérer, nous devons encore à la raison d'autres notions que l'on peut ramener à trois : *l'absolu, l'infini, le parfait*. Même, suivant *Platon*, ces idées seraient le pôle de la connaissance. Pour connaître le relatif, il faut le rapporter à l'absolu. Le fini, à *l'infini*. L'imparfait au *parfait*. C'est la doctrine acceptée de tous temps par les partisans de la *raison* impersonnelle.

Nous allons montrer que notre doctrine ne nous permet pas d'accepter ces idées comme étant *a priori*.

Ces 3 idées peuvent se ramener à celle de *l'absolu*. L'absolu, c'est ce qui est achevé, ce qui existe en soi et par soi, ce qui pour être compris n'a pas besoin d'être rapporté à autre chose qu'à soi-même.

L'infini, c'est l'absolu en quantité. Dire qu'une chose est infinie, c'est dire qu'elle n'est pas limitée. Il n'est pas besoin pour la comprendre, de la rapporter à quelque chose d'autre qui la limite. *La perfection, c'est l'absolu en qualité*. Quand nous parlons d'une chose plus ou moins parfaite, nous ne distinguons ces divers degrés que relativement à quelque chose d'absolument parfait. Mais la perfection en elle-même n'est rapportée à rien autre qu'elle-même. Absolu, infini, perfection, ces trois mots reviennent donc au même. Les deux derniers ne sont que des divisions du premier.

Il nous semble difficile d'admettre que l'idée *d'absolu* nous soit donnée *a priori*. Il y a au contraire antagonisme entre cette idée et l'esprit. Nous ne pouvons *rien penser en dehors d'une relation*, sans comparer la chose pensée à autre chose. Pour qu'il y ait connaissance, il faut au moins deux idées en présence.

Reportons-nous, d'ailleurs, à la formule générale du principe rationnel : Les phénomènes de telle sorte sont soumis à telle condition. Pour *penser*, il nous faut absolument rapporter les choses *à une condition* et l'absolu est libre de toute condition comme de toute relation.

Nous ne pouvons penser l'absolu sans le rendre relatif, au moins au relatif au temps et à l'espace. Si nous le pensons comme cause, il faut nécessairement en même temps le penser comme effet. Dira-t-on qu'il est en dehors du temps, de l'espace, de la causalité ? Mais alors il nous serait impossible de le penser. *Penser,* a dit un philosophe anglais, c'est *conditionner.* La connaissance est avant tout relative. L'absolu ne peut donc être pensé.

Nous ne voulons pas par là nier l'existence de l'absolu. C'est une question que nous ajournons simplement. Nous disons seulement qu'il y a présomption en faveur de son existence, car l'histoire de la philosophie nous montre que tous les philosophes ont cherché à l'atteindre. Tous ne l'entendent pas de la même manière. Elles renoncent souvent à le pouvoir définir. Mais toutes, arrivées à un certain moment de leurs recherches, sont obligé, quand bien même ils s'interdiraient systématiquement de le sonder, d'admettre l'existence de quelque chose en dehors du relatif. C'est ce que *Spencer* nomme l'inconnaissable. C'est ce que *Littré* appelle une mer sans bornes, sur le rivage de laquelle l'homme est forcé de s'arrêter, n'ayant ni barque ni voile pour tenter de la parcourir. Qu'est-ce donc que cet idéal si longtemps poursuivi par la pensée humaine ? Ce sera l'objet de notre métaphysique.

IV - L'empirisme

Il y a une doctrine qui nie l'existence de la raison, et n'admet que la perception extérieure et la conscience. Suivant les temps, suivant aussi les diverses formes qu'elle a revêtues, elle a porté divers noms. Tantôt, elle fait tout venir de la *sensation*. Elle est alors nommée sensualisme. C'est la théorie de *Démocrite*, et après lui celle de *l'épicuréisme* et du *stoïcisme*. Ils expliquent la connaissance par les idées-images. Elles viennent s'imprimer dans l'âme, et y laissent une empreinte représentant les corps dont elles émanent. Ces empreintes sont les idées.

Mais cette doctrine se perfectionnant, on a vu que cette théorie était bien grossière, et l'on a joint la conscience à la perception extérieure. On a dit alors que nos connaissances dérivaient de l'expérience et d'elle seule. Cette doctrine, construite pour la première fois par *Locke*, est ce qu'on nomme l'empirisme. Selon les empiriques, l'esprit avant l'expérience est comme une tablette de cire où rien ne serait gravé, *tabula rasa*. C'est l'origine de l'expression célèbre de *table rase*.

De nos jours, en Angleterre, s'est construite la forme la plus parfaite de l'empirisme. Comme elle donne une place importante à l'association des idées, cet empirisme porte le nom d'associationnisme. C'est *Dugald Stewart* qui fit le premier à remarquer l'importance du principe de l'association des idées. Depuis lui, cette doctrine a fait fortune. "La loi de l'association des idées," dit *Stuart Mill*, "est à l'esprit ce qu'est aux corps la loi de la gravitation."

Il faut remarquer la profonde différence qu'il y a entre les associationnistes et les empiriques antérieurs. Les premiers reconnaissent que l'esprit a une activité propre, élabore les données expérimentales. Ils reconnaissent à l'esprit la faculté de construire autre chose que ce qui lui est donné, ce que n'admettent point les empiriques anciens. Ce genre d'empirisme est surtout étudié dans la *Philosophie de Hamilton* et la *Logique de Stuart Mill*. C'est sous cette forme que nous allons l'examiner.

Ainsi que nous l'avons vu, la nécessité des jugements rationnels consiste dans l'impossibilité de séparer les deux termes qu'ils unissent. *Stuart Mill* explique cette impossibilité par l'association des idées et l'habitude :

Tout d'abord, selon lui, cette impossibilité dont on parle n'est qu'*actuelle*. Rien n'établit que de tout temps elle ait été nécessaire. En effet, bien des jugements qui nous paraissent nécessaires *aujourd'hui* ne le semblaient point autrefois. *Pascal* ne croyait pas à la loi de la gravitation. Combien de choses paraissaient absurdes à nos pères dont l'évidence s'impose aujourd'hui à nous ! Rien ne prouve que c'est éternellement et nécessairement que sont unis ces deux termes d'un jugement rationnel. Ce peut n'être que localement et provisoirement.

Après avoir ainsi réduit la nécessité des jugements rationnels, *Stuart Mill* ramène ces jugements à *l'association des idées* et à *l'habitude*. En effet, d'après une loi de notre esprit nous tendons à reproduire dans le même ordre deux idées, une fois que nous les avons associées dans cet ordre. Quand deux états de conscience se sont accompagnés dans le même ordre un certain nombre de fois, l'esprit tend à les reproduire dans cet ordre, et avec d'autant plus de force que l'expérience a été plus fréquemment renouvelée. Lorsque cette fréquence est sans exceptions, l'association des idées devient tellement forte qu'elle finit par être indissoluble. Le jugement formé est dit alors nécessaire. Il provient d'une association d'idées inséparables.

Comme toutes les discussions relatives à la raison sont concentrées autour du principe de causalité, nous allons examiner la genèse de ce principe suivant *Stuart Mill*. L'esprit en construisant ce principe passe selon lui par deux moments :

1. Un phénomène A et un phénomène B se produisent plusieurs fois dans le même ordre. L'esprit de l'observateur a alors une tendance à reproduire B après A. Si A précède toujours B, sans qu'il se produise aucune exception, l'esprit ne pourra plus supposer A sans supposer B et arrivera à croire que A précédera toujours B.

2. L'esprit observe deux autres phénomènes C, D. Entre ces phénomènes il constate la même connexion qu'entre A et B. Il arrivera donc à croire que C précédera toujours D. Passant à un autre couple de phénomènes, il arrive à la même conclusion.

Ainsi, tous les phénomènes se présenteront à nous comme formant des *couples inséparables*, chacun d'eux ayant un antécédent dont il est inséparable, sans lequel il n'existe jamais. *L'antécédent invariable* est ce qu'on appelle la cause. *Le conséquent est l'effet*. Dire que tout phénomène a un antécédent invariable, c'est dire que tout phénomène a une cause.

Examinons les défauts de cette théorie de *Stuart Mill*. D'abord, son auteur commence par atténuer autant que possible le caractère de nécessité des jugements rationnels. Pour cela, il nous fait voir que nous admettons comme vrais des jugements qui jadis ont paru absurdes. Mais absurdes ne veut pas dire inconcevables et la caractéristique des jugements rationnels est justement d'être tels que la contradictoire en soit inconcevable. Nous n'avons nul exemple de jugements inconcevables devenant concevables, ou vice versa. Il n'y a donc lieu d'affaiblir en aucune façon la nécessité des principes rationnels.

Voyons maintenant la seconde partie du raisonnement ; et d'abord nous reconnaîtrons que la tendance à associer les idées qui se sont plusieurs fois produites ensemble est incontestable. Mais va-t-elle jamais jusqu'à l'absolue impossibilité de séparer les termes qu'elle tend à unir ? Nous ne pouvons l'admettre. Il y a en effet *des idées* que nous unissons toujours et que nous pouvons bien si nous voulons, *supposer désunies*. Nous voyons sans cesse la nuit succéder au jour, et pourtant nous ne faisons pas du jour la cause de la nuit, nous concevons très bien un jour continuel ou une nuit perpétuelle. *M. Mansel* a fort bien réfuté *Stuart Mill* sur ce point, en donnant des exemples de ce genre. "On peut imaginer, dit-il, que la même pierre enfonce 99 fois dans l'eau et surnage la centième, bien que l'expérience ne nous montre que le premier phénomène. L'expérience nous montre toujours une tête d'homme sur des épaules d'homme, une tête de cheval sur un corps de cheval. Il n'y a pourtant nulle impossibilité pour nous à nous représenter un centaure." L'expérience n'engage donc *jamais la liberté* de notre pensée.

Appliquons ces objections à la genèse du principe de causalité. Examinons d'abord le premier moment du raisonnement. De ce que A *a toujours précédé* B, on n'en peut conclure que A *précédera toujours* B. Lorsque l'idée de A se présente à l'esprit, celui-ci a une tendance a penser également B, mais point de nécessité.

Voyons maintenant le second moment. On observe qu'un certain nombre de phénomènes sont précédés d'antécédents invariables. De quel droit étendrait-on cela à tous les phénomènes observables, futurs comme présents ou passés ? Quelque usage que l'on en fasse, l'association des idées ne permet pas de franchir l'abîme qui sépare le passé de l'avenir.

Ces deux raisonnements peuvent se ramener au type suivant :

Une succession régulière a été constatée un certain nombre de fois.

Or, ce qui est constaté un certain nombre de fois est vrai de tous les cas analogues.

La succession constatée est donc la même dans tous les cas.

Le vice de ce raisonnement consiste en ce que la mineure est admise sans démonstration, et rien ne permet à *Stuart Mill* de supposer une conformité entre les cas observés et les cas analogues non soumis encore à l'observation. *En réalité, cette mineure n'est rien autre chose que le principe de causalité.* En effet, pour qu'on ait le droit d'admettre d'une manière générale cette universalité d'un rapport de succession plusieurs fois constaté, il faut qu'on sache déjà que tous les phénomènes sont disposés en couples inséparables. En d'autres termes, il faut qu'on sache déjà qu'ils sont tous soumis à un ordre inflexible de succession, c'est-à-dire à la loi de causalité. Le raisonnement de *Stuart Mill* n'arrive à son but qu'en posant d'abord dans toute sa généralité le principe de causalité. En un mot on construit ce dernier en le supposant.

L'expérience ne nous permet donc pas d'expliquer en nous la présence des jugements rationnels. Nous pouvions prévoir d'avance cette conclusion. Nous retrouvons ici en effet, appliquée à la théorie de la raison, une doctrine que nous avons déjà réfutée. C'est la doctrine qui cherche à ramener nos états de conscience les plus divers à un même type originel. Mais cette réduction ne peut se faire qu'en effaçant artificiellement les différences réelles qui séparent les choses comparées. L'empirisme est plus ou moins cohérent, plus ou moins fort, suivant qu'il met plus ou moins d'art à dissimuler cette diversité. Mais elle ne peut la détruire. Ce qui est différent reste tel malgré les doctrines. *Avec des sensations subjectives*, disions-nous, l'on ne peut rien construire *d'objectif*. Avec des phénomènes, on ne peut pas construire l'idée de *substance*. Avec du *contingent*, on ne peut rien construire de nécessaire. On a beau accumuler les vérités contingentes, elles ne changent pas de nature. On ne peut trouver dans l'expérience ce qui en est la condition même.

V - L'évolutionnisme. Théorie de l'hérédité

Le point précédent a établi, en réfutant l'empirisme, que l'expérience individuelle ne suffit pas à expliquer en nous la présence des jugements rationnels. Mais l'empirisme de nos jours a pris une forme nouvelle, qui lui permet d'échapper aux objections que nous lui avons faites. Une école anglaise admet que les jugements rationnels sont innées chez l'individu, mais pense qu'ils dérivent de *l'expérience de l'espèce*. Sans doute, dit-il, chaque homme de notre époque ne construit pas dans son esprit ces idées premières, que les rationalistes attribuent à une faculté spéciale, la raison. Chacun apporte toutes faites dans son intelligence ces idées, et les jugements qui en découlent. Mais ils sont un dépôt formé par l'expérience accumulée de l'espèce. Tout le monde sait et reconnaît que bien des choses sont transmises par voie héréditaire des ascendants aux descendants. La doctrine dont nous parlons explique ainsi toute la connaissance. La raison peut être alors définie : *l'ensemble des connaissances héréditaires*.

Cette théorie de la formation de la raison par voie héréditaire n'est qu'une partie de la théorie de l'hérédité, théorie qui n'est elle-même qu'un chapitre de la doctrine célèbre qui découle de l'hypothèse de Darwin, et qu'on nomme *l'évolutionnisme*. Le plus grand philosophe partisan de cette doctrine et l'ayant étendue de l'histoire naturelle, son domaine primitif, à la philosophie, c'est *Herbert Spencer*. L'exposition générale de son système est contenue dans son ouvrage : *Les premiers principes*.

Pour juger plus à fond la valeur de la théorie de l'hérédité en matière de raison, nous allons critiquer les principes fondamentaux de l'évolutionnisme.

La théorie évolutionniste ou transformiste remplace la théorie *des créations spéciales*. C'était une doctrine antique et très répandue que chaque règne et dans chaque règne chaque espèce avait été créée séparément. La Force créatrice avait dû ainsi intervenir plusieurs fois pour former l'univers tel qu'il est. Il y avait donc des lignes de démarcation infranchissables entre les mondes ainsi créés. C'est cette doctrine que l'évolutionnisme déclare inconcevable. Selon lui, il est contraire à toutes les données scientifiques de faire intervenir ainsi la cause première à plusieurs reprises différentes, de lui prêter des actions diverses. A cette hypothèse inadmissible, le transformisme substitue celle de l'unité, qui au lieu de voir les abîmes entre les diverses espèces, rattache au contraire par un lien continu tous ces mondes disjoints, considère chacun d'eux comme le développement de l'inférieur, le point de départ d'où s'élèvera le supérieur.

D'après la doctrine des créations spéciales, le monde serait fait d'éléments harmonieusement combinés par la Force créatrice. Pour le transformisme, tous ces éléments doivent être considérés comme le résultat de l'évolution, de la transformation d'un premier être, s'opérant *suivant un rythme fixe* qu'*Herbert Spencer* s'attache à déterminer. C'est par suite, suivant lui, de *la nécessité de l'adaptation de l'être au milieu* où il vit que se fait cette évolution.

En effet, dit-il, tout être pour vivre, doit être en harmonie avec le milieu où il se trouve plongé. Lorsque cette harmonie n'existe pas, l'être n'est pas apte à vivre. Tout être tend donc à s'adapter au milieu où il doit vivre, et comme les variations de ce milieu sont perpétuelles, l'être changera sans cesse. C'est ainsi que se produisent les transformations.

Mais, peut-on objecter, puisque ces heureuses modifications ne peuvent se produire chez tous, comment se fait-il qu'elles se fixent dans l'espèce ? Voici comment cela a lieu : par cela même que cette modification est un avantage, elle donne à ceux qui en sont pourvus une supériorité sur les autres. Si la modification est absolument nécessaire à la vie, ceux chez qui elle ne se produit pas disparaîtront. Si elle n'est qu'avantageuse, ceux qui ne la subiront pas seront détruits ou relégués dans des situations inférieures par ceux qui auront été favorisés. Cet espèce de choix fatal entre certains individus *appelés à vivre, à être supérieurs aux autres, élus pour ainsi dire par le hasard*, c'est ce que la théorie évolutionniste nomme la sélection.

La sélection a donc pour résultat de ne laisser vivre que les individus qui se sont modifiés de façon à s'adapter au milieu où ils sont plongés. C'est alors qu'intervient *l'hérédité* pour fixer cette modification, et en faire *une caractéristique de l'espèce* toute entière.

Voici donc en résumé les principes de l'évolutionnisme :

Tous les individus sont le développement les uns des autres, et dérivent tous d'un type primordial unique. La nécessité de l'adaptation au milieu suscite dans l'organisme de l'être d'heureuses modifications qui le perfectionnent. La sélection supprime ou relègue les êtres qui n'ont pas subi ces modifications. L'hérédité les fixe enfin et en fait un attribut de l'espèce.

Connaissant les principes généraux de l'évolutionnisme, voyons son application à la théorie de la raison :

Le transformisme explique la raison comme tout le reste. Ce que nous nommons la raison n'est, d'après ce système, *qu'une forme développée de l'instinct*. L'instinct lui-même n'est qu'une action réflexe perfectionnée. Ainsi, comme *Stuart Mill*, les évolutionnistes effacent les différences qui distinguent les diverses formes de notre activité psychologique. Ils ne diffèrent des empiristes qu'en ce qu'ils trouvent la formation des idées rationnelles non plus dans l'expérience de l'individu, mais dans celle de l'espèce. *Spencer avoue bien que dans l'état actuel des choses*, la connaissance totale comprend autre chose que les seules données de l'expérience. Il voit, comme nous, que la connaissance se compose de deux termes ; la multiplicité donnée par l'expérience, l'activité donnée par l'esprit. Pour qu'il y ait pensée, il faut qu'il y ait une différenciation continue des états de conscience. D'autre part, il faut qu'il y ait de l'ordre dans cette multiplicité, qu'elle soit ramenée à l'unité. Pour cela, il faut que ces divers états de conscience soient intégrés (c'est l'expression d'*Herbert Spencer*) pour être ramenés à l'unité.

Cette faculté d'unifier, ou d'intégrer, qui est la raison, *Spencer* nous montre comment elle se forme par transformisme et par hérédité. Pour cela, il explique comment pour s'adapter à son milieu le système nerveux devient de plus en plus complexe et centralisé. A l'origine il n'y a qu'une succession confuse d'états de conscience, non centralisés et dont les effets sont assez bien représentés par l'action réflexe. A mesure que le système nerveux se perfectionne, l'intelligence augmente, s'élève, grandit. Les modifications se fixent par suite de l'hérédité ; avec elles passent les résultats de l'expérience précédente et voilà comment paraît innée chez l'individu la raison, ou faculté d'intégrer.

Pour réfuter cette doctrine, nous pouvons d'abord répéter à son propos ce que nous disions plus haut de l'associationnisme. Ce système a une tendance marquée à ne considérer les différences que comme apparentes et comme cachant une réelle et perpétuelle identité. Les êtres qui nous paraissent si divers, les phénomènes que nous percevons comme si différents, l'évolutionnisme veut tous les ramener à un type unique.

Or, s'il est une idée qui ressorte de tout ce cours, c'est précisément que *la meilleure méthode à suivre est de rechercher les différences, et de les respecter*. C'est assurément une bien grande satisfaction pour l'esprit que de mettre de l'unité dans les choses. La multiplicité est ce qu'il y a de plus contraire à sa nature, et rien ne lui est par conséquent plus déplaisant. Mais rien ne prouve que les objets présentent cette absolue unité. Tout semble faire présumer au contraire, que la multiplicité et la diversité sont la loi des choses. Pour le moment, sans le démontrer, nous nous contenterons d'établir cette idée en face de l'opinion contraire.

Telles sont les critiques à faire aux tendances générales de l'évolutionnisme. Nous retrouverons cette doctrine en métaphysique, et là, nous l'examinerons à fond. Pour le moment, nous n'avons à critiquer que la théorie de l'hérédité appliquée à la formation de la raison et des idées rationnelles.

Voyons donc les objections auxquelles est soumise cette théorie :

D'abord, elle est absolument à l'état *d'hypothèse*. Il est absolument *impossible de la vérifier expérimentalement*. En effet, pour que cette démonstration fut possible, il faudrait que l'on put trouver des hommes à qui manqueraient un ou plusieurs principes rationnels. Or, rien ne nous montre de semblables faits. M. Spencer, qui possède des connaissances étendues sur le développement intellectuel des peuplades non encore civilisées, ne peut en tirer de démonstration péremptoire de son hypo-thèse. Si anciennes, si peu civilisées que soient les tribus observées, *aucune ne manque des principes rationnels*. Aucune même ne les possède *à un degré moins absolu* que nous. Sans doute, les spéculations de ces peuplades sont enfantines ; sans doute, ils appliquent ces vérités nécessaires d'une manière naïve et peu en harmonie avec les connaissances que donne la science. On établira sans peine qu'ils comprennent la causalité tout autrement que nos savants. Mais cet enfantillage même démontre que l'esprit est tellement nécessité à chercher des causes, qu'il lui en faut absolument, bonnes ou mauvaises, sérieuses ou enfantines.

Mais l'impossibilité de la vérifier expérimentalement ne suffit pas à faire rejeter une doctrine. Il y a contre la théorie de l'hérédité une objection plus forte.

Tout empirisme considère l'esprit avant l'expérience comme tabula rasa, c'est-à-dire *sans nature propre* déterminée. Qu'il existe substantiellement comme le veulent certains empiristes, ou qu'il ne soit qu'une collection de phénomènes, comme le prétendent les autres, peu importe. Le point à noter, c'est que tous s'accordent pour voir dans l'expérience les origines de toute la connaissance. Puisque dès lors l'esprit, avant l'expérience, n'a pas de lois propres, il n'a pas de *nature déterminée*, car la loi n'est que l'expression de la nature même de l'être. Mais tout ce qui est, est défini, l'indéterminé n'existe pas. Donc tout empirisme arrive à cette conclusion, qu'on ne saurait admettre : L'es*prit* *n'a d'existence réelle qu'en même temps que commence l'expérience.*

L'évolutionnisme n'échappe pas plus à cette critique que l'empirisme ordinaire ou l'associationnisme. Ces derniers systèmes mettent à l'origine de l'esprit de chaque individu cet être indéterminé et inintelligible, le premier le reculant jusqu'au commencement de l'espèce. Mais reculer une difficulté n'est pas la résoudre. Que cette objection soit une ou multiple, se rapporte au présent ou au passé, elle n'en reste pas moins avec toute sa force.

Il y a plus. Non seulement on ne peut se représenter l'esprit avant l'expérience, si l'on n'admet pas l'innéité des principes rationnels ; mais en admettant que l'esprit peut exister ainsi, il serait absolument *incapable de former les jugements rationnels.* Supposons en effet qu'il en soit ainsi, la connaissance devient absolument impossible. Pour qu'il y ait connaissance, *Spencer* le reconnaît, il faut que la multiplicité donnée dans l'expérience soit intégrée dans l'esprit. Dans tout esprit où la faculté d'intégrer ne sera pas déjà développée, la pensée ne pourra naître. Or pour que les jugements rationnels se forment, il faut déjà qu'il y ait pensée. Il y a là un cercle vicieux.

L'évolutionnisme ne résout donc pas la difficulté. L'esprit ne peut pas avoir été "tabula rasa", pas plus il y a des siècles qu'actuellement. De tout temps, l'esprit a possédé une nature propre, par conséquent des lois, et la raison, qui est l'ensemble de ces lois. Il y a quelque chose d'inné dans l'esprit, c'est lui-même, c'est sa nature. La formule de la connaissance a été donnée par *Leibniz* : Nih*il est in intellectu quod non prius fuerit in sensu - nisi ipse intellectus.* Il y a deux sources de connaissances : l'expérience (quod prius fuit in sensu) ; la raison (ipse intellectus). Puisque la raison ne peut être dérivée de l'expérience, nous admettons donc que les idées et principes rationnels sont innés en nous.

VI - De l'objectivité des principes rationnels

Quand nous avons traité de la nature du monde extérieur, nous n'avons pu, faute de bases suffisantes, examiner la question de savoir si les principes rationnels étaient les lois des choses comme ils sont les lois de l'esprit. C'est ce problème que nous allons maintenant tenter de résoudre. Il est nécessaire que l'esprit voie les choses sous la forme des jugements rationnels, mais les choses sont-elles ainsi ? Les lois de l'esprit ont-elles une valeur objective ? Il faut l'examiner.

Pour Kant, *les principes rationnels n'ont qu'une valeur subjective.* Il y distingue les formes *a priori* de la sensibilité, et *les catégories de l'entendement,* dont la plus importante est le principe rationnel de causalité

Kant frappe ces deux genres de principe d'une égale subjectivité. Pour connaître les choses, nous devons nécessairement les concevoir sous ces diverses formes ; pour y arriver nous les dénaturons. La multiplicité sensible que nous fournit l'expérience est confuse, désordonnée. Nous y mettons un ordre factice qui nous permet de les comprendre. Mais à quel prix arrivons-nous à comprendre ? Il nous faut pour y parvenir transformer absolument les données expérimentales. Ainsi, *nous construisons nous-mêmes le monde que nous connaissons*. Ce monde, qui n'a par conséquent aucune réalité, *Kant* le nomme le monde des choses *apparentes*, des *phénomènes*.

Kant ne nie pas pour cela l'existence des objets extérieurs. Il y a dit-il, des objets, mais que nous ne pouvons pas connaître en eux-mêmes, car pour les connaître, il faut leur appliquer les formes de l'esprit, ce qui les défigure. Tout ce que nous pouvons faire, c'est de concevoir ces objets comme existant. L'ensemble de ces objets forme un monde qui sert de *substratum à celui des phénomènes*, c'est le tremplin d'où s'élance l'esprit pour former le monde des phénomènes. *Kant* le nomme monde des noumènes, c'est-à-dire de ce que nous concevons par la raison comme existant.

La réalité tout entière, intérieure aussi bien qu'extérieure, subit cette division. Puisque pour nous connaître nous devons nous appliquer à nous-mêmes les lois de notre esprit, il y a en chacun de nous deux mois : le moi nouménal, qui existe et que nous ne percevons pas et ne pouvons pas percevoir ; le moi phénoménal, que nous percevons, mais qui n'existe pas.

La doctrine de *Kant* a reçu de son auteur le nom *d'idéalisme transcendental*, parce que, selon elle, les objets extérieurs existent, mais dans un monde qui dépasse les bornes de l'intelligence, c'est-à-dire un monde transcendental.

Si l'on admet avec *Kant*, comme d'ailleurs nous l'avons admis, que l'esprit possède une nature propre, il doit nécessairement dès lors laisser dans la connaissance une trace de son action. Mais pourquoi cette influence serait-elle assez forte pour faire disparaître toute trace des objets réels ? La connaissance est le produit de deux facteurs, *l'objet* et *le sujet*. Dans ce produit nous devons retrouver *les deux facteurs*. L'empirisme explique la connaissance en disant qu'elle est produite uniquement par *l'action des choses* sur l'esprit. Ici l'objet est l'unique agent de la connaissance. Pour *Kant*, la connaissance est produite uniquement par *l'action de l'esprit* sur les choses. Ces deux théories sont trop absolues. L'empirisme est du moins logique, car il ne donne pas à l'esprit de nature propre, déterminée. Mais si l'on admet avec *Kant* que l'esprit est quelque chose de défini, dont les formes sont arrêtées, et qu'il existe en même temps des objets, de nature non moins déterminée que la sienne, il faut naturellement conclure que la connaissance doit être une synthèse telle qu'on y retrouve *les deux éléments composants*. L'idéalisme transcendental nous semble donc contradictoire. Nous ne voyons pas pourquoi il y aurait entre l'esprit et les choses une *antinomie complète plutôt qu'une harmonie absolue*. Ces deux hypothèses sont gratuites.

Il est vrai que *Kant*, dans la partie de sa *Critique de la raison pure* qu'il intitule dialectique transcendantale, trouve un argument qu'il croit irrésistible. C'est celui des Antinomies :

Toutes les spéculations sur les choses, dit-il, aboutissent à des antinomies, à des contradictions. Ainsi, dit-il, l'on peut également démontrer que "*le monde est limité dans le temps et dans l'espace*" ou que "*le monde est infini dans le temps et dans l'espace*". *Kant* expose ainsi quatre antinomies sur les principes rationnels, formés chacun ainsi d'une thèse, et d'une antithèse. Pour expliquer ces contradictions, il n'y a selon lui, qu'à admettre que la thèse se rapporte au monde des noumènes, l'antithèse à celui des phénomènes. Si l'on n'admet pas la distinction de ces deux mondes on n'explique pas ces antinomies où se perd la raison. Le seul moyen de sauver le principe de contradiction, dit *Kant*, est d'admettre cette doctrine.

Mais cet argument ne vaut que si l'on reconnaît que la thèse et l'antithèse de chaque antinomie ont une égale valeur logique, ce qui n'est pas. Il y a dans chaque prétendue antinomie une proposition fausse et une autre vraie. Il n'y a dès lors plus de contradiction. L'argument *Kant*ien tombe. Ainsi *Kant* pose en thèse une de ses antinomies que : *Toute substance composée l'est aussi de parties simples*, et en antithèse : *Aucune chose composée n'est composée de parties simples*. Or, nous avons admis, en étudiant la nature du monde extérieur, que l'antithèse était fausse, la thèse seule vraie. - Et d'ailleurs, quand bien même les antinomies ne seraient pas solubles, cela ne prouverait pas qu'il y a antagonisme absolu entre ce qui est et ce que nous connaissons.

Rien n'établit donc que les principes rationnels soient absolument subjectifs, ni absolument objectifs. Il nous reste donc à examiner dans les idées rationnelles ce qui vient des choses et ce qui vient de l'esprit.

Pour faire ce choix, il nous faut un *critérium*. Il faut donc établir d'abord l'objectivité d'un principe qui nous permette de juger de l'objectivité des autres. Ce sera le *principe de contradiction*.

Le principe a une valeur objective. En effet, tout d'abord, *il n'y a pas de raison de suspecter son objectivité* puisqu'il ne fait pas partie des principes constitutifs de l'expérience, et n'est pas chargé par conséquent de construire la connaissance. Quant à la preuve directe de son objectivité, nous la trouvons dans les raisonnements scientifiques au moyen du calcul. Un astronome observe un phénomène, et par des calculs où préside le seul principe d'identité, conclut que ce phénomène se reproduira à telle époque - et le phénomène annoncé se produit. Les choses ont donc suivi la même marche que l'esprit guidé par le principe de contradiction. Ce principe est donc objectif.

Examinons nos connaissances avec ce critérium. Nous verrons que deux choses sont contradictoires, *l'infini en grandeur*, et *l'infini en petitesse*, qu'on appelle encore la *continuité*.

La continuité tout d'abord est purement subjective. La démonstration des contradictions qu'elle entraînait a déjà été faite. Les choses quelles qu'elles soient, le temps, l'espace sont donc discontinus. On le conçoit bien pour le temps, il est composé d'états de conscience juxtaposés et distincts. Enlevons par la pensée ces états de conscience. Nous nous représentons fort bien le temps comme composé d'instants successifs et discontinus.

De même si l'on admet que l'étendue est composée d'éléments discontinus, on peut se la représenter sous la forme d'un ensemble de points discontinus qui représenteraient l'emplacement des forces élémentaires dont nous avons plus haut admit l'existence.

De même, *l'effet n'est pas le développement continu de la cause*. Il y a là des individualités, et entre elles, des solutions de continuité. Sans doute, ces individualités forment un ordre, sont harmonieusement coordonnées, mais cet ordre même suppose qu'il y a distinction réelle des parties. C'est un ordre *esthétique* et non *mathématique*. - La continuité est contradictoire.

L'infini - en grandeur - ne l'est pas moins. Un tout composé d'un nombre de parties réelles et finies, n'est réel que si le nombre de ces parties est fini. Le temps et l'espace, la série des causes et des effets sont finis. Tout ce qui est, est défini ; et ce qui est défini est fini : C'est donc par une nécessité purement subjective de l'esprit que nous sommes forcés de régresser ainsi indéfiniment. Mais les choses ne sont pas indéfinies, elles sont finies.

D'autre part elles sont soumises aux principes de causalité, de finalité, de temps et d'espace. Ces relations existent donc sans être continues. En outre la somme de toutes ces individualités qui forment le monde extérieur est nécessairement finie.

Chapitre XI

Les facultés de conception

I - l'association des idées

L'association des idées est la faculté qu'ont nos idées de s'enchaîner. Rien n'est isolé dans le monde, toutes ses parties s'attirent ; il en est de même de nos idées. L'affinité qui rattache certains d'entre elles est ce qu'on nomme *l'association des idées*.

Cette faculté n'agit jamais au hasard. Il y a toujours une raison pour que deux idées s'appellent. On cite souvent à ce propos l'anecdote citée par Hobbes, d'une personne demandant au milieu d'une conversation sur Charles 1er, la valeur du denier romain sous Tibère.

L'association des idées assure la *continuité de notre vie intellectuelle*. Par suite de cette espèce d'affinité qu'ont les idées, la vie de l'esprit ne s'arrête jamais. L'idée présente en appelle une seconde, et ainsi de suite indéfiniment. Il n'y a pas de solution de continuité. Même quand il y a une suspension apparente, l'esprit continue à enchaîner inconsciemment ses idées. Tel est par exemple le cas du sommeil, du rêve. La succession n'est plus alors aperçue ni réglée par le moi, mais elle n'en existe pas moins. D'ailleurs, pendant le sommeil, toute communication sensible n'est pas interrompue avec le dehors. Le système nerveux est au repos mais transmet cependant les communications du dehors. Ces communications apportent dans l'âme des idées plus ou moins conscientes qui se mélangent au cours des autres idées.

Il est certain que même dans le cas de la syncope les idées continuent à s'enchaîner. Même alors, il n'y a pas de vide dans la vie de l'esprit. Sans en avoir de preuves expérimentales, on voit bien qu'il est incompréhensible que l'activité puisse s'arrêter pour renaître un instant après.

Comme l'a dit Leibniz, l'âme exprime toujours le corps. La continuité des sensations et l'association des idées assurent la continuité des pensées.

Voyons maintenant les différentes espèces d'association d'idées. On les a souvent divisées en deux grandes classes, les associations d'idées *rationnelles*, et les associations d'idées *accidentelles*.

Les associations d'idées rationnelles sont celles qui sont dues à un rapport rationnel. Voici les types principaux :

1. L'idée de la *cause* appelle l'idée de *l'effet*, et vice versa ;

2. L'idée des *prémisses* appelle l'idée de la *conséquence* et vice versa ;

3. L'idée du *moyen* éveille l'idée de la *fin*, et réciproquement ;

4. L'idée du *genre* appelle l'idée de *l'espèce*, et réciproquement.

Ces associations d'idées sont plutôt des sortes de raisonnements rapides, presque instantanés, plutôt que de véritables associations d'idées. On n'a pas eu conscience d'une troisième idée qui a servi de trait d'union entre les deux autres. Quand, à l'idée de la mortalité humaine je pense que Paul est mortel, je fais un syllogisme instantané. Ainsi, nous ne voyons pas ici l'affinité propre aux idées agir toute seule. Les associations d'idées proprement dites sont les associations que l'on nomme accidentelles.

Voici les principaux types :

1. L'idée de deux choses *semblables* s'appellent.

2. Il en est de même de l'idée de deux choses *différentes*.

3. Deux états de conscience qui se sont produits *en même temps* tendent à se reproduire en même temps.

4. Les idées de deux objets qui sont contigus *dans l'espace* s'appellent.

5. Enfin le signe éveille dans notre esprit l'idée de *la chose signifiée*, et réciproquement.

On a essayé quelquefois de ramener toutes ces associations à un seul type : Deux états de conscience qui se sont produits en même temps tendent à se reproduire en même temps, s'attirent pour ainsi dire. Si l'idée du semblable attire l'idée du semblable, c'est que nous les avons comparées. Il en est de même des associations d'idées par contraste. C'est à la suite d'une comparaison que nous jugeons la différence. C'est encore la même chose pour le signe et la chose signifiée. S'il en était ainsi il n'y aurait qu'une seule loi de l'association des idées, celle que nous venons d'indiquer.

Mais, quoiqu'on fasse, l'association des idées par ressemblance est distincte de l'association par contiguïté. Quand nous associons deux objets à cause de leur ressemblance, nous sentons très bien que la ressemblance seule produit l'association. Il faut donc admettre au moins deux types : l'association par contiguïté et l'association par ressemblance. Telles sont les différentes espèces d'associations des idées.

Il nous reste à déterminer le rôle de cette faculté dans la vie de l'esprit.

Les idées s'associent soit par voie logique, soit par voie d'affinité. Cette *affinité naturelle* des idées pourra les enchaîner d'une manière très forte, sans l'intervention de la raison. La puissance de l'association des idées est telle qu'une théorie en fait la faculté maîtresse de l'esprit. Nous n'avons pas à revenir sur cette théorie que nous avons déjà réfutée. Mais il n'en est pas moins certain que l'association des idées arrive à produire parfois les mêmes effets que l'association logique et rationnelle.

C'est de là que viennent les *superstitions* et les préjugés de toute sorte. Ils consistent tous dans une *association d'idées illogique*. Il y a donc lieu de surveiller cette faculté avec soin, car elle contribue très fortement à former notre *caractère* ; c'est par suite de l'habitude que nous avons d'associer telles ou telles idées que nous avons telles mœurs ou telles inclinations.

En un mot, si l'association des idées n'est pas comme le veut *Stuart Mill*, la source de toute la connaissance, elle n'en est pas moins un agent important qu'il importe de bien connaître.

II - La mémoire

La mémoire est la faculté par laquelle *un état de conscience passé se reproduit en nous avec ce caractère que nous le reconnaissons pour passé*. Ces deux conditions sont nécessaires à la mémoire.

Cette définition nous montre combien est inexacte l'expression : je me souviens de tel objet. On ne se souvient pas des choses, mais seulement des états de conscience où ils ont été primitivement représentés. Aussi *Royer Collard* a-t-il dit que nous ne souvenons que de nous-mêmes.

La mémoire peut présenter différentes qualités. Tantôt elle est caractérisés par sa rapidité à conserver les choses qui lui sont confiées ; dans ce cas il suffit de voir une chose pour en garder le souvenir ; tantôt elle est *docile* ; c'est quand elle reproduit aisément l'état de conscience passé. Elle est exacte quand elle le reproduit avec précision. Elle est tenace quand elle conserve cet état de conscience pendant *longtemps*.

Il est assez rare que ces qualités se trouvent réunies chez un même individu. Mais elle peut devenir plus spéciale encore : telles sont les mémoires des vers, des couleurs, des sons, des chiffres. On peut déduire souvent du genre de mémoire d'un homme le caractère général de son esprit.

On a souvent cherché les moyens d'augmenter la mémoire : l'ensemble de ces moyens forme la *mnémotechnie*. Il y a dans cette science, bien qu'elle soit peu constituée, des principes utiles à recueillir. Nous pouvons d'ailleurs déduire ces principes de la définition même de la mémoire. Plus nous mettrons de nous dans la mémoire, plus il nous sera facile de nous souvenir. Les états de conscience qui nécessitent un certain développement de notre activité seront par cela même, plus facilement gardés ou reproduits par la mémoire. Voilà donc le principe de toute mnémotechnie rationnelle.

On peu susciter par des procédés différents l'activité nécessaire. Il y a pour cela trois moyens principaux :

1. *La répétition.* En forçant plusieurs fois l'esprit à s'attacher à la même idée, cette idée se fixe naturellement mieux.

2. *L'émotion.* En suscitant une émotion, on développe une certaine somme d'énergie, ce qui par conséquent aide à retenir.

3. *L'attention.* C'est par l'attention qu'elle suscite que la mise en ordre de nos souvenirs, aide à se les rappeler.

Nous allons maintenant étudier la mémoire d'une manière plus générale.

Tout souvenir comporte trois moments :

1. *L'état de conscience passé se reproduit.* C'est le phénomène de reproduction ou de rappel. La mémoire peut s'arrêter là. L'état de conscience passé peut se reproduire sans que nous le reconnaissions comme passé. Ainsi réduit, le souvenir s'appelle réminiscence. La réminiscence joue dans la vie un rôle très important. Combien d'idées que nous croyons originales, et qui ne sont que des réminiscences de notre enfance !

2. *L'état de conscience nous apparaît comme passé.* Nous reconnaissons qu'il ne vient pas de se produire pour la première fois. C'est ce qu'on appelle le phénomène de reconnaissance. Il consiste seulement à rejeter dans le passé l'état de conscience reconnu. Le souvenir peut encore s'en tenir à ce second moment.

3. Ce dernier moment achève la mémoire. *Nous fixons l'état de conscience à tel ou tel point précis du passé.* Le souvenir complet comprend ces trois moments.

Voilà de quoi se compose le phénomène de la mémoire. Pour l'expliquer, nous allons expliquer ces trois parties.

Prenons d'abord le phénomène de la reproduction. Pour qu'un état de conscience passé se reproduise, il faut qu'il ait été conservé. Où et comment l'a-t-il été ? Telle est la question posée.

Plusieurs philosophes ont répondu que les états de conscience conservés l'étaient dans le corps. Telle était par exemple la théorie de *Descartes*. De nos jours *M. Taine* a donné à cette explication sa meilleure forme. Quoi qu'on pense de la question de l'immatérialité de l'âme, il faut reconnaître que des modifications physiologiques sont toujours nécessaires aux modifications de l'âme. Les modifications du corps subsistent quand la cause excitatrice disparaît. Si la modification physiologique se reproduit, la modification psychique se reproduit aussi. Voilà comment se fait la reproduction. Mais cette explication ne rendrait pas compte du second moment de la mémoire. A quoi reconnaissons-nous, dans cette théorie, que le phénomène s'est déjà produit ? *M. Taine* répond : L'état de conscience qui vient de se reproduire a une *tendance* à s'imposer au moi comme une perception. Mais les perceptions actuelles la contredisent. On ne peut donc localiser l'état de conscience reproduit dans le présent. On le rejette alors dans le passé.

Mais si cette réponse explique bien pourquoi je ne rapporte pas cet état de conscience au présent, il n'explique pas pourquoi nous rapportons cet état de con-science au passé plutôt qu'à l'avenir. L'explication physiologique de la mémoire ne résolvant pas les difficultés, nous disons donc que l'état de conscience conservé est resté dans le moi. La condition de la reproduction est la *conservation dans le moi.*

Quelles seront maintenant les conditions de la reconnaissance du phénomène comme passé ? Tout souvenir peut s'exprimer ainsi : Je me souviens que j'ai vu telle ou telle chose. Le je qui se souvient n'est donc *pas le même* que le je qui a vu. Il faut pourtant, pour qu'il y ait souvenir, que ces deux mois n'en fassent qu'un. Tout souvenir consiste ainsi dans une sorte de synthèse entre le présent et le passé ; il faut donc pour qu'il y ait souvenir que le moi soit *identique.*

C'est au moyen de *l'association des idées* que s'achève la mémoire. Lorsque nous avons rejeté du présent l'état de conscience, il s'achemine vers le passé, attiré par les états de conscience avec lesquels il s'est d'abord produit. Il s'y arrête, et c'est alors que le souvenir se trouve localisé. Voilà donc l'explication de la mémoire.

Jointe à l'association des idées, *la mémoire* joue dans *l'intelligence* le rôle de *l'habitude* dans *l'activité.* Nous verrons en effet que l'habitude consiste en deux choses : d'abord, c'est une faculté de conservation ; en outre, elle tend d'elle-même à se reproduire. De même, l'intelligence a, dans la mémoire, la faculté de conservation. Mais nous savons que les états de conscience qui se sont produits souvent tendent à se reproduire d'eux-mêmes. Ce second caractère qui ressemble assez à celui de l'habitude, est très probablement produit par l'association des idées.

L'oubli, au contraire, est produit par la disparition d'une des deux causes de la mémoire. Ou bien l'affinité des idées diminue faute d'exercice ; ou bien l'état de conscience n'a pas été conservé. La modification psychologique s'est peu à peu effacée, au point de devenir pratiquement nulle.

On a beaucoup calomnié la mémoire. On en a fait souvent le critérium des esprits de second ordre. La mémoire assurément ne donne à l'homme rien d'original, rien de personnel. Ce n'est pas une faculté créatrice. Mais les éléments nécessaires à créer, c'est la mémoire qui les fournit. Elle nous apporte ainsi les matériaux de notre vie intellectuelle. Un homme qui n'a que de la mémoire ne renouvellera jamais rien, c'est vrai ; mais d'autre part, un esprit qui n'a pas de mémoire est condamné à s'épuiser en efforts impuissants, car sans la mémoire il n'a aucun des matériaux nécessaires à bâtir ce qu'il a en lui-même la force d'édifier.

III - L'imagination

S'il faut s'en tenir à l'usage courant, l'imagination est la faculté qui nous fait voir les objets avec leur forme concrète, si bien que l'esprit se demande quelquefois s'il est en présence d'un objet réel ou d'une simple conception. On voit par là ce qui distingue l'imagination de l'entendement. Ce dernier a pour objet le général, il élimine le particulier et l'individuel tandis que l'imagination laisse aux objets représentés leurs caractères personnels. Elle donne à l'individualité une vie, un relief nouveau.

Ce que nous venons de dire peut se rapporter aux trois formes de l'imagination. Tantôt l'imagination reproduit, tantôt elle combine, tantôt elle crée. Nous allons étudier tour à tour ces trois formes et noter leurs différences.

1. *Mémoire imaginative*. La mémoire proprement dite affaiblit les états de conscience passés en les reproduisant. La mémoire abstrait naturellement quelque chose. Elle se souvient surtout du général. Un homme qui n'a que de la mémoire sans imagination oubliera tout ce qui est individuel. La mémoire imaginative nous représente au contraire les objets déjà perçus, sous des formes aussi concrètes que celles d'une perception. Cette ressemblance peut être assez vive pour que l'esprit s'y trompe.

Mais la mémoire imaginative s'en tient là. Elle ne fait que reproduire fidèlement ce qu'elle a vu ; la mémoire imaginative n'est pas passive, car aucune faculté ne l'est. Mais elle ne produit rien, ne crée rien de nouveau. Elle ne fait que répéter notre vie passée. Ce qu'elle reproduit le plus fréquemment, ce sont les choses sensibles. On s'est demandé quelquefois si elle reproduisait toutes les sensations ou seulement quelques-unes. Certainement, elle est plus vive pour les sensations *visuelles*. Mais elle reproduit également les sensations de son. Cependant, la plupart des esprits ne peuvent reproduire avec leur intensité première les sensations inférieures. Mais on ne peut dire que cette impossibilité soit radicale. Les gourmets, par exemple, imaginent sans trop de peine les sensations du goût. En tout cas, elles sont toujours moins vives que les reproductions des autres sensations. Cette différence provient de ce qu'on se souvient surtout des états de conscience dans lesquels on a mis plus d'activité. De même nous imaginons plus facilement les sensations qui nous ont coûté plus d'efforts. Dans les sensations du goût et de l'odorat, nous sommes bien moins actifs que dans les autres. Voilà pourquoi nous les imaginons malaisément. Cela explique du même coup comment certaines personnes peuvent développer cette imagination ; c'est qu'elles mettent dans ce sens une plus grande somme d'activité.

2. *Imagination comme faculté de combinaison.* C'est un intermédiaire entre les deux formes extrêmes de l'imagination. Dans ce cas, l'imagination ne forme rien comme matière, mais agit sur la disposition de ces matériaux que lui fournit la mémoire. C'est grâce à elle que nous nous représentons ce que nous n'avons jamais vu. Cette combinaison n'est pas toujours volontaire. Les images quelquefois se combinent d'elles-mêmes dans un ordre différent de celui où elles s'étaient produites. C'est le cas de la *rêverie*, quand elle a un certain degré d'intensité. C'est aussi sans doute le cas de la *folie*, où les images sont très vives et se combinent malgré la volonté.

Cette espèce d'imagination joue un certain rôle dans les arts. Elle prend alors le nom de fantaisie. Une œuvre de fantaisie a pour fondement une succession de vives images se combinant sans lien rationnel. En analysant ainsi les choses, on voit que les œuvres de fantaisie manquent de la création proprement dite qui fait l'idéal de l'art.

3. *Imagination créatrice*. Son nom suffit à la définir. Elle ajoute au passé, et pour cela tire ses matériaux d'elle-même. Quand un grand auteur crée quelque chose il emprunte certainement quelques premiers éléments à ses souvenirs. Mais il y a une création qui développe ces éléments, et qui est faite par cette imagination créatrice que nous étudions.

Quand Newton invente l'hypothèse de la gravitation, il y est poussé par les lois de Kepler. Mais de là à son hypothèse il y a une solution de continuité comblée par une imagination créatrice. Il en est de même des savants qui pour la première fois construisent une hypothèse. L'imagination créatrice est ce qui fait l'inventeur.

En quoi consiste ce que l'imagination ajoute aux matériaux donnés ? Ce qu'elle ajoute, c'est l'unité. L'artiste trouve épars dans la réalité ce qu'il réunit dans son œuvre ; mais il crée l'unité sous laquelle sont organisés les éléments qu'il trouve par l'observation.

Celle-ci lui fournit la matière de son œuvre. Mais la forme est tirée de lui-même, et cette forme est l'unité. Tous les éléments fournis par l'observation, dans l'art comme dans les grandes hypothèses scientifiques, viennent se grouper et ce groupement est l'œuvre de l'imagination. Galilée observe les balancements d'un lustre. Beaucoup auraient pu observer que les oscillations de ce lustre étaient isochrones, sans songer que ce pouvait être une loi générale. Galilée a inventé cette idée.

En un mot, ce qui est donné à l'imagination est *multiple*, et elle le ramène à l'unité. L'imagination créatrice est donc la *faculté synthétique* par excellence.

On s'est demandé si l'imagination créatrice n'était pas un mélange d'imagination reproductive et d'entendement, la première fournissant la multiplicité et la seconde l'unité. S'il en était ainsi, on ne pourrait ramener à l'imagination créatrice que les caractères où l'élément général domine à l'exclusion de l'élément individuel. Ainsi se trouveraient pour ainsi dire exclue de l'art une bonne partie de notre littérature moderne, qui montre plutôt chez les hommes le particulier que le général. Qu'on trouve ce système bon ou mauvais, on ne peut néanmoins le rayer de l'art.

D'ailleurs l'unité de l'entendement n'est pas l'unité de l'imagination. Elle apporte une unité individuelle ordonnée, bien différente de l'unité générique que donne l'entendement. Toute autre est l'unité d'une classe de l'histoire naturelle que celle d'un personnage dramatique.

Si l'imagination est une faculté synthétique, elle doit nécessairement cette propriété à la passion qui est la source première de l'unité. C'est sous son influence que les images fournies par la mémoire imaginative sont ramenées à l'unité. Il faut donc que pour retenir cette passion et lui donner toute sa valeur, la raison coexiste avec elle. Si la passion est l'élément nécessaire de l'imagination, elle ne peut en tout cas être productive que par l'entendement.

Examinons maintenant quelle est l'utilité de l'imagination dans la vie.

Pascal, Malebranche, tout le dix-septième siècle ont calomnié l'imagination. C'est pour eux la folle du logis, la source de toutes les erreurs. Le cartésianisme avait en effet une tendance naturelle à déprécier cette faculté : il n'y voyait qu'une qualité d'ordre inférieur qu'il réduisait à n'être à peu près qu'un mouvement des esprits animaux. C'est pour cela qu'il en tenait si peu de compte. Mais ce que nous avons dit montre bien la fausseté de toutes ces accusations. Sans doute, elle est sujette à l'erreur, comme toutes nos facultés. Mais elle n'a pas le triste privilège de nous tromper plus que les autres. Il est vrai, ses conceptions ne doivent pas être admises sans contrôle ; mais c'est à l'entendement à en vérifier l'exactitude. Nous verrons en logique les procédés employés pour rectifier les erreurs de l'imagination. Mais cette réserve faite, et il convient de la faire pour toutes nos facultés, il faut reconnaître que l'imagination est une des sources les plus importantes de la connaissance. Le raisonnement suffit aux mathématiques, sciences abstraites. Mais lorsqu'il s'agit de choses concrètes, il faut nécessairement faire intervenir l'imagination ; nous ne connaissons la réalité qu'en la devinant. Or, la seule faculté qui nous permette de deviner est l'imagination. Aussi cette faculté joue-t-elle un rôle de la plus grande importance dans les sciences. Peut-être même n'y a-t-il pas une seule loi dans les sciences concrètes une seule loi qui ne dérive d'une hypothèse, c'est-à-dire d'un acte d'imagination. Ce n'est donc pas seulement comme on l'a prétendu, une *faculté* d'agrément. Elle a son rôle marqué dans la science. Il n'y a donc pas à s'en méfier systématiquement.

D'une manière générale, on peut dire que l'imagination est la seule faculté qui augmente *nos connaissances*. Nous lui devons tout ce qui entre dans l'esprit de nouveau. Sans elle, l'esprit serait condamné à ne faire que développer à perpétuité les conséquences des idées qu'il a déjà. Mais la réalité, multiple et complexe, lui échapperait.

IV - Le sommeil. Le rêve. La folie

Aux trois facultés de conception se rattachent certains états à la fois *physiologiques* et *psychologiques* qu'il convient d'étudier ici. Ces états sont caractérisés par ce trait commun que les *images* y sont *assez vives* pour être prises pour des *perceptions*.

Commençons par *le rêve*, qui est le plus commun. Il est produit par des conditions physiologiques assez mal déterminées. Donc, sans chercher comment il se fait que l'activité physique se relâche, nous chercherons seulement comment se relâche l'activité psychique. Certains philosophes prétendent que dans le sommeil l'âme *ne continue plus à penser*. Nous avons déjà touché à cette question en parlant de l'association des idées, et nous avons décidé que la chaîne de nos idées était *continue*. Nous avons vu que, même dans le sommeil, nous avions des sensations qui devaient nécessairement nous donner des idées. D'ailleurs nous avons admis que le moi était tout entier conscient. Si donc la pensée disparaît, la conscience disparaît, le moi cesse d'agir, cesse d'être. Comment alors se représenter que le moi renaisse après avoir été anéanti, et cela régulièrement. Cela est impossible à comprendre. Par conséquent même dans le sommeil, il n'y a pas anéantissement de l'âme. Il n'y a donc jamais de cas où l'âme dorme complètement. Suivant *Jouffroy*, elle ne dort jamais : il n'y a point de sommeil psychologique. Le sommeil suivant lui n'est qu'un phénomène qui n'a

162

rien de physique. *Jouffroy* invoque à l'appui de ce qu'il dit l'indifférence que nous avons pendant le sommeil pour les bruits habituels, la faculté qu'ont certaines personnes de se réveiller à volonté. Tous ces faits s'expliquent s'il n'y a pas de sommeil absolu du moi. Il est certain qu'une des causes importantes du sommeil est l'engourdissement des sens, qui arrête les communications avec l'extérieur. Mais il est difficile que cette cause soit unique. L'expérience semble bien établir qu'il y a un certain engourdissement de l'âme. D'ailleurs, il n'y a jamais de cas où le corps soit absolument engourdi. Le sommeil n'est donc produit ni par un relâchement unique de la vie psychologique, ni seulement par un relâchement de la vie physiologique, mais par un relâchement des deux.

Le relâchement psychique du sommeil semble bien être dans un *repos de la volonté*. Cette faculté, dans la veille, est toute puissante, toujours active. Pendant le sommeil elle se repose, se retire de la vie active et militante. Elle allège nos autres facultés du joug qui pesait sur elles. Elles se donnent alors libre carrière. Elles n'ont plus de contrepoids. Ainsi se produit le rêve. *Le rêve* est produit par *l'attraction qui rattache les idées les unes aux autres*. La force inhérente à chaque idée n'étant plus combattue par la force contraire de la volonté, nous devenons la proie de nos souvenirs. Si la volonté ne dort pas entièrement, ni le sommeil ni le rêve ne sont entiers. A cette demi-veille de la volonté est due la faculté de se réveiller à l'heure voulue.

Descartes quand il institue son doute méthodique fait remarquer qu'on n'a même pas de raison logique de distinguer la veille du sommeil. *Leibniz* a répondu que la distinction était dans ce fait que nos idées sont liées pendant la veille et ne le sont plus dans le sommeil. Pendant la veille, il y a contradiction des souvenirs et des sensations. Pendant le sommeil, il n'en est pas ainsi, il n'y a plus que des conceptions.

La folie est un rêve continu et en dehors de l'état de santé. Ce qui caractérise la folie est l'absence de la volonté, la toute-puissance des idées. Elles s'associent comme elles veulent.

La folie se manifeste sous deux formes différentes ; tantôt elle est *locale* ; une partie seulement de l'esprit est affectée, et c'est la *monomanie*. Tantôt elle est générale. C'est la folie ou manie absolue.

Un seul point est attaqué dans le premier cas ; tout le reste est sain. *M. Lélut* affirme que ce cas est extrêmement fréquent. C'est en application de cette théorie générale qu'il veut trouver la monomanie chez Socrate, à cause de son démon ; chez Pascal, à cause de son amulette.

Une des formes de la folie est *l'hallucination*. C'est un état maladif de l'esprit qui, même pendant la veille, prend ses conceptions pour des perceptions. Souvent l'esprit victime d'une hallucination la reconnaît pour telle sans pouvoir pourtant s'en défaire. Les sens, mus ordinairement par la perception extérieure, sont mus en effet à ce moment-là par l'intérieur, et la sensation est réelle si l'objet de cette sensation ne l'est pas.

La ressemblance entre la perception et l'hallucination est telle que *M. Taine* a fait de l'hallucination la forme normale de la connaissance. Parmi ces hallucinations, dit-il, il y en a que nous rejetons comme fausse parce qu'elles sont contradictoires ; les autres sont des hallucinations vraies et correspondent aux perceptions.

Voici l'objection qu'on peut faire à cette théorie :

On constate que toutes les hallucinations se réduisent à des souvenirs. L'intensité de ce souvenir est très grande, mais il n'en est pas moins vrai que *l'hallucination répète toujours un état intérieur*, que la matière en est toujours fournie par la mémoire. Toute hallucination n'est donc qu'une reproduction. Il est donc bien peu logique de faire le modèle de ce qui n'est que la copie. On ne doit pas appeler hallucination vraie la perception ordinaire.

Toute cette étude sur certains états pathologiques de l'esprit et du corps nous amène à une conséquence importante. Le rêve et la folie ont pour cause *l'affinité naturelle de nos idées*. Cette affinité nous rend de très grands services, puisque sans elle la mémoire, l'imagination seraient impossibles. Mais d'autre part, cette affinité, du moment où nous cessons de la surveiller, du jour où nous la laissons agir seule, produit des maladies de l'esprit. Volonté et personnalité sont anéanties. C'est aussi à cette affinité et à l'impuissance de la dominer qu'est dû le manque de suite dans les idées. Il faut donc toujours dominer cette propriété, si nous ne voulons pas en être les victimes.

Chapitre XII

Opérations complexes d'intelligence

I - Opérations complexes de l'esprit : l'Attention; la Comparaison; l'Abstraction.

Nous avons étudié jusqu'ici les trois facultés de perception et les trois facultés de conception. Il nous reste à étudier l'attention, la comparaison, la généralisation, le jugement et le raisonnement.

L'Attention. C'est la faculté qu'a l'esprit de *se concentrer sur un objet déterminé*. Suivant *Condillac* l'attention se réduit à une *sensation forte*. Cette genèse de Condillac confond les conditions du phénomène avec le phénomène. Sans doute nous ne faisons souvent attention à un objet que parce qu'il nous a frappé. Mais ces deux idées n'en restent pas moins distincte, car la sensation n'est jamais qu'un phénomène affectif que l'esprit reçoit de la chose. L'attention est au contraire éminemment active. Ainsi donc, on ne peut confondre ces deux faits. De plus, très souvent, c'est la sensation forte qui résulte de l'attention. Un objet frappait peu ; nous y faisons attention ; la sensation devient de plus en plus forte. La genèse de Condillac ne peut être admise.

Ce qui distingue l'attention est qu'elle est l'œuvre de notre volonté. Voyons maintenant les différentes formes de ce phénomène. Il y en a deux essentielles : ou bien c'est l'objet qui attire à lui l'intelligence, produit l'attention, sans presque que notre volonté ait besoin d'intervenir. Dans l'autre cas au contraire, l'attention est absolument volontaire. C'est nous qui dirigeons notre esprit. Nous sommes tout entiers cause de notre attention. Comme l'attention est peu ou point volontaire sous sa première forme l'esprit peut sur elle peu de chose. Il est tel spectacle qui attire à lui nos regards sans qu'il soit possible de les en détourner. *L'obsession* est ce même phénomène, transporté dans la vie intérieure. Son caractère est que l'esprit ne peut que très difficilement s'en débarrasser.

Ces deux formes de l'attention sont si différentes qu'on peut se demander s'il n'y a pas lieu d'en faire deux phénomènes distincts. On pourrait réserver le nom d'attention à l'attention volontaire, et appeler le premier phénomène distraction. En effet, la distraction n'est qu'une attention inopportune.

Quel est le rôle de l'attention dans la vie ? L'attention est une des facultés les plus fécondes de l'esprit. C'est elle, qui s'appliquant aux faits ou aux idées, en fait jaillir toutes les conséquences. On peut dire que les deux facultés vraiment productrices sont l'imagination et l'attention. L'attention est la faculté du penseur, comme l'imagination celle de l'inventeur. *Buffon* l'a dit, le génie n'est qu'une longue patience. Il faut comprendre par là une longue imagination, et une longue attention.

La *Comparaison* est une opération qui *rapproche deux idées* et *établit entre elles un rapport de ressemblance ou de dissemblance*. Les idées comparées ayant été l'objet d'une attention préalable, *Condillac* a dit que la comparaison se réduisait à une double attention. Mais la comparaison est un fait particulier, et irréductible à tout autre. Il résulte de la définition même de la comparaison que nous pouvons penser deux choses à la fois : on s'est demandé souvent si deux pensées pouvaient être simultanées. Tout en faisant attention à un objet, on peut en percevoir un autre. Le jugement suppose d'ailleurs dans l'esprit la présence simultanée du sujet et de l'attribut.

De même que la mémoire n'est possible que si le moi est identique, de même la comparaison n'est possible que si le moi est un. En effet, pour comparer deux termes, il faut les rapporter à un terme commun.

L'abstraction est la faculté de sé*parer d'un tout un élément qui n'existe pas en dehors de ce tout.* Cela consiste par exemple à isoler de l'idée totale de cette table, l'idée de sa couleur ou celle de son étendue. Les idées abstraites sont de deux espèces. Les premières ou idées abstraites particulières ne se composent que de l'idée d'une chose particulière à un individu. Les secondes ou idées abstraites générales isolent un élément commun à plusieurs individus. L'étendue par exemple est abstraite de plusieurs individus.

II – Généralisation. Jugement. Raisonnement.

Généralisation. Une idée générale est une notion qui convient à plusieurs individus. L'opération par laquelle on obtient ces idées c'est la généralisation.

Deux procédés concourent à la généralisation : la comparaison et *l'abstraction.* Nous comparons ce que plusieurs individus ont de semblable, et nous l'abstrayons. Ces qualités communes forment alors une idée générale. Ainsi, nous comparons les hommes : nous voyons ce qu'ils ont de commun, nous l'abstrayons et nous nous faisons l'idée générale d'homme. Les qualités aussi abstraites conviennent donc à tous les individus observés. Nous voyons que tous les hommes ont la sensibilité, l'intelligence, l'activité, et nous en faisons des idées générales.

Quelle est *la valeur des idées générales ?* Le moyen-âge surtout a agité cette question. Quelle est la réalité de l'idée générale ? Voici comment se pose la question : Certains philosophes ont estimé que les idées générales répondaient à une *réalité existante.* C'est là la théorie *réaliste.* D'autres au contraire ont admis que les idées générales étaient purement subjectives. D'après ce système, le terme général n'est rien qu'un *flatus vocis.* Quand nous énonçons ce mot, nous ne nous représentons même selon eux, rien de réel et de concret. Supprimez le langage, il n'y a plus d'idées générales. Tel est le *nominalisme.*

Cette doctrine est toujours restée dans la discussion. *Condillac, M. Taine* se rattachent à cette doctrine. Au contraire, nous trouvons le réalisme dès l'antiquité. Les *idées* platoniciennes ne sont pas, il est vrai, absolument des genres. Mais elles conviennent à tous les individus. Elles sont, en partie au moins, des genres substantialisés. *Platon est donc un réaliste.*

De ces deux doctrines, il y en a une dont l'expérience montre l'absurdité ; c'est le réalisme. Il n'y a pas de genre en soi. Les ressemblances que l'on rencontre entre les individus s'expliquent suffisamment par la communauté d'origine.

Nous ne pouvons pas admettre davantage le pur nominalisme. Quand nous pensons une idée générale, nous pensons autre chose qu'un mot. Sans doute il y a là une association très forte et qui fait illusion. Mais un mot n'est qu'un signe, et un signe n'est intelligible pour nous que si nous connaissons déjà la chose signifiée.

Le nominalisme, comme le réalisme absolu, sont donc en opposition avec les faits. Mais il y a entre deux la doctrine *d'Abélard*, qu'on appelle le conceptualisme. Suivant lui, les idées générales ne sont ni des mots, ni des substances ; elles existent, mais dans notre esprit. Elles ont une *existence subjective*. - En outre les idées générales existent *substantiellement dans chaque individu*. Par cela même que l'individu appartient au genre, le genre est réalisé en lui. L'idée générale est donc plus qu'un mot.

Il nous reste à traiter la question de savoir si la pensée commence par des idées particulières ou des idées générales. Le philologue *Max Müller* a cru remarquer que les racines des langues sont des *noms communs*, par conséquent, que la pensée commence par des idées générales. Il ne s'agit pas de savoir si, dès l'origine de l'expérience, l'esprit avait la notion générale complète, mais si les choses particulières sont pensées comme individuelles ou comme types et genres.

L'observation de *Müller* est très controversée. La majorité des grammairiens lui est opposée. Mais quand elle serait vrai, cela ne démontrerait pas que les idées générales sont *les premières formées*. Elle ne prouve qu'une chose, c'est que les premières idées exprimées sont des idées générales. Mais rien ne prouve que les premières idées exprimées soient les premières idées pensées. La faculté de penser est antérieure au langage. L'observation de Müller n'a donc pas de portée.

Or, d'une manière générale, comment se représenter que l'homme commence par penser les idées générales ? L'expérience ne donne que des individus. Comment l'homme verrait-il ainsi le genre dans l'individu ? On ne peut se l'expliquer.

Nous croyons donc que non seulement les premières idées sont particulières et que nous les pensons comme telles, mais encore que les idées particulières sont aussi les premières exprimées.

Faire remarquer le rôle de la généralisation dans la connaissance serait montrer comment la science satisfait par des procédés au besoin de comprendre. La généralisation ramène la multiplicité des individus à *l'unité* du genre. Or, comme c'est là la meilleure satisfaction que puisse avoir l'esprit, c'est par la généralisation surtout que l'esprit s'explique la réalité, qui, composée de choses différentes, ne peut trouver d'autre unité.

Jugement. Le jugement est l'opération par laquelle l'esprit affirme qu'une idée (attribut ou prédicat) convient à une autre idée (sujet). Exemple : L'homme (sujet) est mortel (attribut).

Voyons quel est le mécanisme de cette opération. Si nous analysons ce jugement nous verrons qu'il consiste à dire que la classe des hommes est comprise dans la classe des êtres mortels. Le jugement montre donc le sujet comme compris dans l'attribut. D'où résulte que l'attribut doit toujours être plus vaste que le sujet. *Kant* exprimait ce mécanisme du jugement en disant qu'on *subsume le sujet sous l'attribut.*

Mais ce n'est là qu'une façon d'examiner le jugement. D'un autre point de vue, l'attribut est compris dans le sujet. La mortalité, par exemple, est une qualité comprise dans le concept plus large d'homme. - C'est que dans le premier cas, nous comparons au point de vue du nombre, les individus désignés par le sujet et par l'attribut, tandis que dans le second cas nous examinons non plus les individus, mais les caractères.

Considéré sous le premier aspect, le jugement est étudié au point de vue de l'extension ; sous le second, à celui de *la compréhension.*

Il résulte de tout ce qui précède que le jugement résulte de la comparaison de deux idées. Or, *Cousin* distinguait deux sortes de jugements, les uns formés ainsi, et d'autres, faits immédiatement, sa*ns que l'esprit eût examiné les deux idées* qu'il rapproche. De ce nombre était, selon lui, le jugement : *Je suis*. En effet, supposons que j'ai pu séparer les deux termes. L'idée du moi, séparée de l'idée d'existence, n'est plus que l'idée d'un moi possible. Si nous joignons ces deux termes, dit-il, nous aurons le jugement : *Je puis être*, et non je suis.

Mais de ce qu'on sépare l'idée du moi de l'idée d'existence, il ne s'ensuit pas qu'on pense le moi comme possible. On le conçoit comme *en dehors de toute relations avec l'existence*. On le pense seulement comme un ensemble de propriétés ; ensuite on établit une relation entre cette notion et celle d'existence. On voit qu'elles se conviennent. On forme alors le jugement : Je suis.

Voyons maintenant comment on peut diviser les jugements. On les divise souvent en jugements *particuliers* et *universels*. Le jugement universel affirme l'attribut de tout, le jugement particulier d'une partie du sujet.

On a aussi classé les jugements par *positifs* et *négatifs*. Mais la division de *Kant* en *synthétiques* et *analytiques* est la plus importante.

Ces derniers sont ceux où la notion de l'attribut nous apparaît comme comprise dans la notion du sujet de telle sorte que, quand nous pensons le sujet, nous pensons immédiatement l'attribut. Par conséquent, dans les jugements analytiques, l'attribut se déduit nécessairement du sujet. Ex. : 2 + 2 = 4.

Dans les jugements synthétiques au contraire, la notion de l'attribut est ajoutée à la notion du sujet. Exemple : Tous les corps tombent selon la verticale. - Cette propriété est quelque chose de plus que ce qui est compris dans le sujet.

Les principes rationnels sont tous des jugement synthétiques. La question que nous nous sommes posée dans la théorie de la raison peut se poser ainsi : Y a-t-il des jugements synthétiques *a priori*, et s'il y en a comment sont-ils possibles ? -- Nous avons résolu la question en admettant que l'esprit y était nécessité par sa nature même.

Le *Raisonnement* est une opération par laquelle l'esprit combine *deux jugements anciens pour en tirer un jugement nouveau*.

Il y a deux formes de raisonnement : l'induction et la déduction.

Chapitre XIII
L'Esthétique

I - Objet et méthode de l'esthétique

Nous allons intercaler à cet endroit du cours l'étude de certains phénomènes auxquels concourent à la fois la *sensibilité* et *l'intelligence*. Ce sont les phénomènes psychiques relatifs au *beau*. La science qui les étudie se nomme *l'Esthétique*. Aussi *Kant* détournant ce mot de son sens ordinaire lui fait désigner cette partie de la philosophie où se trouve étudiée l'expérience intérieure et extérieure.

L'esthétique n'a pas pour objet de donner à ceux qui ne l'ont pas le sentiment et le goût du beau ; elle ne cherche pas non plus à déterminer les règles auxquelles doivent se conformer les artistes. Son but est de *définir* le beau considéré d'abord d'une manière abstraite générale. L'esthétique passe ensuite à l'étude des différentes façons dont le beau se révèle à nous, des différentes formes par lesquelles il s'exprime, c'est à dire en un mot à *l'étude des beaux-arts*.

Voilà donc deux problèmes : celui du beau abstrait et celui du beau concret, que l'esthétique doit chercher à résoudre.

Qu'est ce que le beau ?

C'est là une question sur laquelle il est bien difficile de donner une réponse absolument satisfaisante. Une foule de solutions contradictoires ont été proposées. Aussi l'idée du beau étant voisine de plusieurs autres idées avec lesquelles elle a souvent été confondue, nous allons d'abord tâcher de distinguer le beau de ce qui n'est pas lui. Nous aurons ainsi une définition négative du beau, et parlant de là nous chercherons quels sont les caractères propres de cette idée.

Le beau, a-t-on dit autrefois, *c'est ce qui sert*. On le confondait ainsi avec l'utile. C'est d'après cette théorie que *Socrate* appelle beau tout objet utile. - Cette définition méconnaît un des caractères essentiels du beau. Le beau n'évoque en nous aucun sentiment intéressé : peu nous importe que le beau serve ou non ; il nous semble même que le domaine du beau est *absolument en dehors de celui de l'utile*. Ce qui caractérise le beau, c'est l'absence de toute tendance à l'utile. *Kant* a fait remarquer avec raison que, dès que nous concevons un objet comme *utile*, la *valeur esthétique en est diminuée*, tant ces deux idées sont profondément distinctes. - Quoiqu'il en soit de ces considérations théoriques, il est de fait que chaque instant nous présente des objets utiles et n'ayant rien de beau.

En second lieu, on a confondu *le beau* et *l'agréable*. Le beau assurément est toujours agréable ; mais l'agréable n'est pas toujours beau. Le plaisir que nous cause le beau est d'un genre particulier. Une bonne chère est agréable, et ne produit en nous aucune impression esthétique.

Le beau n'est pas le bien : combien de choses sont belles qui ne sont pas bonnes. Imaginons un homme des plus immoraux ; prêtons-lui les plus détestables passions, les plus grands vices. Pourvu que ces vices n'aient rien de commun, que ses entreprises criminelles dénotent une grande énergie, pourvu que ses passions soient puissantes, pourvu que cette activité, condamnée par la morale, n'en soit pas moins grande et violente, cet homme sera beau. - Inversement, bien des choses sont *bonnes qui ne sont pas belles* ; et si les grands actes de vertu ont une valeur esthétique, il n'en est pas de même de l'honnêteté ordinaire, de la vertu bourgeoise, qui ne laissent pas d'avoir un grand mérite au point de vue moral. - Enfin, il y a des choses indifférentes moralement, et qui sont belles ou laides. Un grand paysage, une nature morte, n'ont rien à démêler avec le vice ou la vertu, et donnent pourtant matière à une œuvre d'art.

Le beau n'est pas le vrai : de grandes théories scientifiques assurément ne manquent pas de beauté. Mais cette beauté ne peut venir de la justesse du raisonnement, car bien des raisonnements justes, vrais par conséquent, n'ont rien de beau. D'autre part on conçoit très bien une grande hypothèse, fausse, et pourtant belle. Telle est par exemple la fameuse *théorie des tourbillons de Descartes.*

On a dit encore que le beau, c'était la *perfection.* Mais ce mot peut être entendu dans des sens différents. D'abord on nomme parfaite une chose qui atteint exactement le but pour lequel elle est faite : le beau consisterait alors dans *une adaptation des moyens de la fin.* Or, on peut voir qu'une pareille idée du parfait diffère bien peu de l'idée *d'utile.* Une chose parfaite, dans ce sens, est une chose qui remplit bien l'office qu'on attend d'elle. Remarquons d'ailleurs que bien des formes de la beauté ne peuvent se ramener à la perfection ainsi entendue : tel est le sublime. On n'y trouve pas l'adaptation harmonieuse qui existe entre la fin et les moyens. Il y a là au contraire un désaccord de la forme et du fond. Le sublime est un beau qui ne trouve pas une expression qui lui soit adéquate. Il y a là chez lui une rupture de cet équilibre parfait qui définit la perfection, telle que nous l'avons définie. Quand on définit *le beau par l'ordre,* cela revient au même : l'ordre n'est qu'un rapport exact entre les parties du tout. Ce que nous venons de dire du beau défini par la perfection s'applique donc aussi au beau défini par l'ordre. Le sublime est incompatible avec cette théorie. De plus, les œuvres d'art où la passion domine - et avec elle incohérence, le désordre - ne seraient donc pas belles. Si le beau, c'est l'ordre, une pareille définition conviendrait à la littérature classique où règne une parfaite harmonie, mais ne conviendrait pas à la littérature de nos jours, où l'on représente volontiers des passions fougueuses, ne conviendrait même pas à la littérature ancienne.

On a aussi entendu le mot perfection dans un sens plus large ; on a indiqué par là *la perfection absolue*. Ce n'est plus la perfection d'une chose, mais la perfection en soi. Au delà des perfections relatives qui ne peuvent être conçues en dehors de telle ou telle qualité, il y aurait une perfection suprême, et c'est celle-là qui est identique au beau.

Si l'on admettait cette dernière définition du beau, le beau serait l'absolue perfection s'incarnant dans une forme matérielle. Malheureusement, *cette idée implique contradiction* : nous ne pouvons pas avoir une notion simple comprenant ainsi toutes les perfections. C'est un concept vide. Cet idéal dont on nous parle doit avoir une nature déterminée. Autrement, il est irreprésentable. Si au contraire cette perfection peut être déterminée en quelque façon, si elle se rapporte à quelque qualité spéciale, si générale qu'on la suppose, c'est une perfection relative et non pas, comme on le disait, une perfection absolue.

Le beau, bien que très voisin de l'utile, de l'agréable, du bien, du vrai et du parfait, ne se confond donc avec aucune de ces idées. Cherchons donc maintenant quelle est sa nature propre.

Pour cela, nous allons étudier les diverses façons dont le beau se révèle à l'homme, et quand il se révèle, quels effets il produit sur nous. Puis les effets constatés, nous essaierons de remonter jusqu'à la cause par voie d'induction.

Et d'abord, comment le beau se révèle-t-il à nous ? C'est toujours sous une *forme sensible*. Est-il quelque chose de distinct de cette forme, ou n'est-il rien autre que cette forme même, peu importe. Le fait est que pour arriver à nous, le beau doit prendre une forme sensible. Que cette forme soit perçue par les sens ou conçue par l'imagination, peu importe encore. L'imagination, comme les sens, nous montre les choses sous des formes concrètes.

Nous savons donc déjà que le beau devra toujours être exprimé sous une forme sensible. Mais qu'est-il en lui-même ? Nous ne pourrons le dire qu'après avoir analysé les effets que le beau produit sur nous.

Le beau donne des sensations agréables. Le premier caractère de l'émotion esthétique est d'être un plaisir. - En voici un second, qui semble au premier abord être en contradiction avec le premier. Tandis que ce qui nous est agréable éveille généralement en nous des préoccupations égoïstes - tout ce qui nous est agréable nous étant utile dans une certaine mesure - *le plaisir esthétique est toujours désintéressé*. Quand nous éprouvons cette sorte de plaisir, nous nous abandonnons tout entier à la jouissance qu'il nous procure sans nous demander si l'objet peut ou ne peut pas nous servir. Nous ne calculons pas : aussi ne tenons-nous pas à nous réserver le privilège du plaisir que nous éprouvons. Le plaisir esthétique ne nous pousse pas à posséder pour nous et rien que pour nous l'objet qui l'a causé. Pourvu que nous voyons les choses belles, notre amour du beau est satisfait. Nous ne tenons pas à être les propriétaires de l'objet qui nous a charmés. Si l'amateur cherche à collectionner les tableaux, il obéit à un sentiment qui n'a rien d'esthétique. Ce n'est pas l'amour de l'art qui le pousse, c'est le besoin et la gloire de posséder.

Voici deux autres caractères essentiels du beau :

Le plaisir esthétique est universel, et en même temps individuel. Il est universel en ce que, quand j'éprouve une sensation esthétique, j'estime que tous les hommes placés dans les mêmes conditions que moi éprouveront le même plaisir. On peut discuter des goûts et des couleurs, mais cela n'empêche pas, comme dit *La Bruyère*, qu'il y ait un bon et un mauvais goût, car les gens éclairés s'entendent pour appeler beaux les objets renfermant les mêmes qualités. Mais pourtant *le goût est à un autre point de vue individuel*. Ce que je trouve beau n'est pas jugé beau nécessairement et au même titre par une autre personne. Nous ne nous entendons pas sur le mérite comparé de l'œuvre que nous jugeons avec un autre. Les exemples de ce genre abondent.

Aussi a-t-on souvent remarqué que le beau idéal d'une époque n'est pas celui d'une autre. La beauté, pour le XVIIe siècle, n'existait qu'avec l'ordre, la régularité ; notre époque tend au contraire à rechercher ce qu'il y a de beau dans les grands mouvements de la passion. Ce qu'aimait le siècle de Louis XIV, c'était en tout une exacte proportion ; ce que nous aimons dans les choses de l'art, ce sont la richesse et la complexité.

Il y a donc à la fois dans les jugements sur le beau une grande variété et cependant une universalité évidente : *nous expliquerons plus loin d'où vient cela.*

II - Qu'est-ce que le beau ?

Nous venons d'étudier les effets du beau, l'émotion esthétique. Partant de là nous allons chercher à remonter à la cause, à déduire des qualités diverses que présente le plaisir esthétique les qualités que doit avoir son objet, le beau.

Tout d'abord, nous savons que *l'émotion esthétique est désintéressée.* Or, cela seul est l'objet d'un véritable désintéressement, qui n'a pas de réalité concrète. Ce qui existe réellement a toujours pour nous une certaine utilité, ne fut-ce que l'utilité de nous être agréable. Quand nous le voyons, immédiatement il se produit en nous une arrière-pensée intéressée ; nous voulons garder pour nous cet objet. Or, le beau ne produit rien de pareil : *c'est donc qu'il n'est pas réel.* C'est un simple concept de l'esprit, un idéal qu'il se forme.

En second lieu, nous avons constaté que l'émotion esthétique était un *plaisir*. Or, le plaisir chez nous est produit par l'action sur notre esprit d'un objet *conforme à sa nature* ; la douleur, par le contraire. Nous ne connaissons que nous ; c'est par comparaison dans leurs rapports avec nous que nous jugeons les objets. Si donc l'émotion esthétique est un plaisir, c'est que le beau est conforme à notre nature.

Le beau doit avoir quelque chose de la nature humaine. C'est ce que Saint-Marc-Gérardin fait très justement observer dans son cours de littérature dramatique. Ce que nous cherchons partout *dans l'art*, c'est *nous-mêmes*. Un paysage n'est pas beau par lui-même : ce qui fait sa beauté, ce qui le rend capable de devenir l'objet d'une émotion esthétique, ce sont les sentiments que ce paysage éveille en nous. *Supprimez l'homme, vous supprimez le beau.*

Si le beau est conforme à notre nature, nous n'aurons qu'à nous examiner nous-mêmes pour savoir ce qu'il est, au moins en partie. Or, notre nature se compose essentiellement de trois facultés, et l'on peut considérer chacune d'elles à deux points de vue différents. Dans la *Sensibilité*, nous avons d'un côté la multiplicité : les *inclinations*, les émotions. De l'autre, l'unité, qui est donnée par la passion. -- Dans l'Intelligence, la multiplicité est produite par les sensations, les états de conscience divers, tout ce qui est la matière de la connaissance, mais la Raison s'y ajoute, et leur donne l'unité. - *L'Activité* enfin se compose d'une masse d'actions, d'instincts ; c'est la multiplicité. Le *moi* intervient dans ce chaos par la volonté qui dirige l'activité et lui impose l'unité.

Multiplicité donnée par l'expérience et ramenée à l'unité par le moi, telle est donc la formule de toute notre connaissance. Plus nous nous rapprochons de l'unification absolue de cette multiplicité et plus le plaisir intellectuel est grand.

Le beau doit être conforme à cette formule, et d'autre part il est idéal. On pourra donc dire : *Le beau, c'est l'unité et la multiplicité idéalisées.*

La multiplicité pour être idéale, sera aussi complexe que possible ; l'unité, aussi forte, aussi cohérente qu'il se pourra. Elle devra comprendre le multiple sans en rien laisser échapper, et sans en atténuer la complexité. De la parfaite harmonie entre ces deux termes naîtra le beau.

Seulement, par malheur, cet accord est *tout idéal* et cette harmonie ne peut guère exister en pratique. De là vient que dans les œuvres d'art, l'un ou l'autre de ces caractères est sacrifié à l'avantage du second. C'est ce qui explique bien comment l'émotion esthétique est à la fois universelle et individuelle. Elle est *universelle*, car, pour tout le monde, elle correspond toujours aux deux conditions que nous avons établies. Elle est une unification de la multiplicité. - Mais d'autre part, elle est *individuelle* : d'abord, parce que les uns préfèrent que l'unité prédomine aux dépens de la multiplicité ; les autres aiment mieux le contraire. Ensuite, en raison de la différence des sensibilités et des dispositions personnelles de l'esprit qui examine une réalisation concrète du beau.

On peut exprimer ainsi le résultat auquel nous venons d'arriver : L'unité, c'est la concentration de tous les éléments vers un même but. Elle est parfaite, si aucun d'eux n'est distrait de la fin commune. Un tel système est caractérisé par sa force. - La multiplicité, d'autre part, c'est la richesse, la variété, la complexité. Le beau pourra dès lors être défini : *un accord harmonieux de la force et de la richesse.* - Mais cet accord ne peut être parfait : tantôt la richesse l'emporte au détriment de la force, tantôt la force au détriment de la richesse. Chacun alors, suivant les inclinations de son esprit, préférera l'une ou l'autre de ces deux combinaisons.

Ainsi, *Corneille* a la force (comme d'ailleurs tout le dix-septième siècle et comme l'art grec que cette époque imitait) ; mais il y perd en richesse. Les personnages ont un, ou deux sentiments tout en énergie, mais sans variété. L'art romantique, au contraire préféré de nos jours, tire tout son mérite de sa diversité, de sa richesse. En revanche, l'unité est relâchée ; il y a plus de variété, moins de force.

L'essence du beau est la puissance : Elle s'exprime tantôt en surface, avec beaucoup de richesse et peu d'unité ; tantôt en profondeur, avec une forte unité et avec une pauvreté relative. Mais sous ces deux formes elle a pour un esprit impartial la même valeur esthétique.

Mais il ne faut pas seulement définir le beau au point de vue du beau idéal. Prendre une forme concrète n'est pas pour le beau une déchéance ; il n'existe qu'en se révélant à nous : c'est la condition même de son existence. Le beau réel c'est la force et la richesse revêtant une forme concrète, et se rapprochant autant que possible de l'harmonie parfaite qui serait le bel idéal.

III - Le sublime et le joli. L'art

Deux idées voisines de l'idée du beau doivent être définies : le sublime et le joli.

Pour *Kant*, le sublime est *spécial*, ne ressemble en rien au beau. Le beau se présente toujours à nous avec un aspect défini ; le sublime nous donne l'impression de l'illimité. En même temps que le sublime et le beau se distinguent par leur nature, les émotions qu'ils nous donnent diffèrent. Le beau donne un plaisir calme, tranquille ; *le plaisir du sublime est mêlé de douleur*. Quand nous avons contemplé le sublime, il se produit en nous, selon *Kant*, une légère douleur, une sorte d'aspiration vers cet infini du sublime que l'esprit ne peut embrasser tout entier. C'est là ce qui produit cette gêne, agréable cependant ; car cet effort pour saisir le sublime a beau être impuissant, il est élevé, et nous lui devons un contentement d'ordre supérieur. Voilà pourquoi *Kant*, dans sa critique du Jugement, a fait du sublime une idée à part, bien distincte de celle du beau.

Si cette définition était vraie, le sublime ne serait jamais dans ce qui est bien défini ; pas de sublime dans la littérature classique. Quoi de plus précis que le : "Qu'il mourût !" d'Horace ? N'est-ce pourtant pas là un bel exemple du sublime ?

Nous ne mettrons donc pas un abîme entre le sublime et le beau ; le premier n'est que la plus haute expression, le maximum d'intensité du beau. Mais, puisqu'il y a deux espèces de beau, il doit y avoir deux espèces de sublime : *le sublime dans la force, le sublime dans la richesse*. Les vers cornéliens si simples et si forts, sont sublimes : une plaine immense qui nous offre le spectacle le plus varié, ne l'est pas moins. Il faut accorder ce nom à tout ce qui mérite de le porter : Rodrigue ne le mérite pas plus que Faust.

De même que le sublime est l'apogée du beau, le joli en est comme le diminutif. Le beau est l'état normal de l'art : le joli en est un caprice ; le sublime, un heureux accident.

Ce qui caractérise le joli, c'est une *mesure parfaite entre les deux éléments du beau, l'unité, la variété*. On pourrait dire encore que dans le joli la force le cède un peu à la variété. Le joli est *facile*, voilà ce qui le caractérise surtout.

Comme le sublime, comme le beau, le joli n'existe qu'en revêtant une forme sensible. Donner une forme à l'idéal esthétique, c'est l'œuvre de l'art.

Pris dans son sens le plus général, *l'art s'oppose à la théorie*. C'est l'ensemble des moyens destinés à appliquer les vérités établies par la spéculation. Quand l'art s'occupe uniquement de réaliser le beau, il prend un nom nouveau et forme les *beaux-arts*. C'est de ces derniers que nous allons parler.

L'art est comme un langage. Les choses sont les signes à l'aide desquels il pourra exprimer le beau. Il va chercher dans la réalité sensible les formes avec lesquelles il exprimera l'idée esthétique. La matière en elle-même n'a aucune valeur esthétique ; elle l'emprunte toute de ce qu'elle exprime. De même que les mots n'ont pas de sens par eux-mêmes, les formes que l'artiste emploie ne servent qu'à rendre sensible l'idéal conçu par l'artiste.

On a souvent distingué deux grandes doctrines dans l'art : *l'idéalisme* et le *réalisme*. L'idéalisme est l'art qui cherche à nous faire oublier la réalité, à atteindre autant que possible l'idéal. Peu lui importe ce que sont les hommes et les choses. L'artiste idéaliste nous montre les hommes et les choses avec des proportions plus grandes que nature. Le réalisme au contraire, réduit l'art à une reproduction photographique de la nature. Le réaliste se défend de rêver, s'interdit l'imagination, copie. Il veut nous montrer les choses comme elles sont, ni plus grandes, ni plus petites que nature. Il veut nous montrer la réalité telle qu'elle est.

Le réalisme mérite-t-il réellement le nom d'art ? Ne sont-ce pas là deux expressions contradictoires ? Il nous le semble. L'art a pour objet d'exprimer le beau : le beau est idéal ou n'est pas. La science, non l'art, a pour objet de nous apprendre ce qui existe. L'art doit nous ménager à côté des petitesses des mesquineries de la vie réelle, une vie idéale qui nous repose de la première, où tout serait élevé, agrandi. Tel est l'objet de l'art. *Le réalisme se comprend comme une science d'observation* : *c'est l'histoire du présent.* Mais il n'est pas un art s'il proscrit l'idéal.

L'idéalisme, assurément, doit prendre son point de départ dans le réel. Il commence par observer ce qui existe pour l'idéaliser ensuite. Mais c'est la seconde partie de cette tâche qui est son œuvre propre et original.

A cette théorie de l'art, il faut joindre une classification des beaux-arts. Ils expriment le beau sous différentes formes : ce sera la base de nos distinctions.

Il y a, pour exprimer le beau, deux grandes espèces de forme : les formes plastiques, pour la *vue* ; les sons, pour *l'ouïe*. Ce sont là les deux sens esthétiques.

Nous avons donc déjà ainsi trois catégories : les arts qui s'adressent à l'ouïe, ceux qui s'adressent à la vue, ceux qui s'adressent à la fois à ces deux sens.

On pourrait classer les arts compris dans chacune de ces catégories par la plus ou moins grande *aptitude de leur forme à exprimer le beau.* Ainsi, pour les sons, la poésie est évidemment plus propre à exprimer l'idéal esthétique que ne l'est la musique. De même, dans les arts visuels, la couleur est plus propre à exprimer le beau que la sculpture ou l'architecture.

Partant de là, nous pouvons répartir ainsi les divers arts entre ces groupes :

Arts qui s'adressent à *l'ouïe* : Musique. Poésie.

Arts communs à *l'ouïe et à la vue* : Art dramatique, art oratoire.

Arts qui s'adressent à *la vue* : Architecture. Sculpture. Peinture

Telle est la classification des beaux-arts.

Chapitre XIV
Activité

I - De l'activité en général. L'instinct

L'activité est la faculté par laquelle nous produisons nos actions. Elle se présente à nous sous trois formes différentes : Elle est *volontaire, ne l'a jamais été*, ou *l'a été* et ne l'est plus. Ce sont la volonté, l'instinct, l'habitude. Nous allons commencer par étudier l'instinct.

L'instinct est la faculté que nous avons de produire des actions non déterminées par une expérience antérieure. C'est surtout chez les animaux que l'instinct est visible. La vie animale n'est qu'une suite d'instincts. Chez l'enfant, l'instinct joue aussi un rôle qui diminue plus tard. C'est l'instinct qui pousse l'enfant à prendre le sein de sa mère, et à exécuter les mouvements nécessaires à sa vie. Chez l'homme fait, l'instinct est beaucoup plus rare ; à peine peut-on citer chez lui l'instinct de conservation, et encore bien moins développé.

Voyons maintenant quels sont les principaux caractères de l'activité instinctive.

1. *Inconscience*. Les animaux, en agissant instinctivement, ont bien conscience des mouvements qu'ils effectuent, non de la fin vers laquelle ils tendent. Il faudrait leur prêter des connaissances plus grandes que celles de l'homme même. L'animal ne mange que par instinct, non pour vivre.

2. *Perfection*. L'instinct est parfait. Il y a une admirable corrélation des mouvements de l'instinct, et de leur fin. Cette perfection est atteinte du premier coup, sans que l'individu ait besoin d'éducation.

3. *Immutabilité*. L'instinct est immuable, il est aujourd'hui ce qu'il était autrefois. Les abeilles font leur miel aujourd'hui comme autrefois. Cependant cette immutabilité de l'instinct n'est pas rigoureusement absolue. L'instinct peut changer sous l'influence du milieu ou sous celle de l'homme. *La domestication* change les instincts des animaux qui y sont soumis.

4. *Spécialité*. L'instinct n'est pas capable de produire un nombre indéterminé d'actions différentes. Chaque instinct est spécial. C'est une détermination précise de l'activité. L'instinct est spécial, a une forme déterminée ; il produit toujours la même action.

5. *Généralité*. L'instinct est commun *à l'espèce*. Toutes les araignées de la même espèce tissent leur toile de la même façon.

D'après certains philosophes, l'instinct est *tout physiologique* ; les mouvements instinctifs s'accomplissent d'après les lois toutes physiques, et n'auraient rien de psychologique. On a souvent dit qu'il n'était qu'un *système d'actions réflexes. Descartes* avait déjà admis une théorie analogue. L'instinct pour lui n'est pas un fait psychique, et comme pour lui, d'autre part, tous les mouvements physiologiques n'étaient que des mouvements mécaniques, il en déduisait que les bêtes *n'étaient que des machines.*

Cette doctrine se réfute par *l'exagération de ses conséquences.* Elles ne faisaient pas reculer l'école cartésienne, mais la science aujourd'hui ne permet plus d'admettre une pareille théorie : il est bien prouvé aujourd'hui que les animaux, au moins supérieurs, ont de l'intelligence, peuvent s'organiser en sociétés. Voici d'ailleurs un fait qui contredit la théorie de l'instinct physiologique : il est établi par les sciences naturelles que *deux organismes identiques peuvent avoir des instincts différents.*

Enfin, ce qui démontre que cette thèse est excessive, c'est que l'instinct peut devenir peu à peu conscient, *être transformé* en mouvement volontaire. Or, si l'instinct peut devenir volonté, c'est qu'il n'y a pas un abîme entre ces deux termes.

L'instinct n'est donc pas physiologique, ne se réduit pas à un mécanisme. C'est réellement un *phénomène psychique.*

Condillac a voulu rendre compte de l'instinct en le ramenant à *l'habitude.* L'instinct n'est pour lui qu'une expérience devenue peu à peu habitude et instinct.

L'expérience quotidienne montre la fausseté de cette théorie. Nous voyons sans cesse, sous l'influence de l'instinct, se produire des actions des animaux qui ne peuvent avoir pour base l'expérience. Il y a de plus des instincts que *l'expérience ne peut point expliquer*, la distinction des plantes saines et vénéneuses, par exemple, chez certains animaux : l'expérience à ce sujet leur aurait coûté la vie.

Une doctrine beaucoup plus importante, explique l'instinct par une *habitude héréditaire*. C'est la théorie exposée par *Darwin*, dans son ouvrage *De l'origine des espèces*, et qui est admise par *Herbert Spencer*.

En voici les principes :

Quand les éleveurs veulent créer des individus présentant certaines qualités, ils émulent la *sélection artificielle* des variétés ; cette qualité se retrouve ainsi dans la descendance avec une plus grande intensité. Les animaux qui ne présentent pas la variété demandée sont éliminés. Ceux-là seuls restent donc qui présentent la qualité recherchée.

La nature fait mécaniquement, fatalement ce que font les éleveurs. Les animaux qui présentent quelque qualité les rendant supérieurs, survivent seuls par suite de la "lutte pour la vie". L'économiste *Malthus* avait fait depuis longtemps remarquer que les productions du sol ne croissent pas aussi vite que les individus. Par conséquent, à même que la population augmente, le sol fournit de moins en moins à la consommation. Le monde est une place assiégée. La quantité de provisions est finie ; le nombre des bouches croît. Les plus solides survivent seuls : la *sélection naturelle* est produite par cette lutte.

C'est ainsi que naît l'instinct. Ce n'était d'abord qu'une *habitude heureuse*, donnant à l'animal qui en était doué une supériorité sur ses semblables. Ceux qui possédaient cet avantage éliminèrent les autres ; et cette habitude, fixée par l'hérédité, est devenue instinct. Cela explique du même coup comment l'instinct est commun à tous les individus de la même espèce.

Cette doctrine soulève les objections suivantes :

D'abord, elle n'est pas *vérifiable par l'expérience*. Nous ne voyons pas actuellement les espèces se transformer. Actuellement, il y a un abîme entre les espèces. Le croisement des espèces différentes est stérile, ou tout au moins les individus produits retournent à l'un des types primitifs, ou sont eux-mêmes stériles.

En second lieu, il y a des instincts qui se perpétuent dans l'espèce *bien que la descendance ne soit pas continue*. Ainsi chez les abeilles, les neutres ne naissent pas de neutres, mais de la reine, et cependant présentent tous les instincts des neutres.

La théorie transformiste ne peut expliquer ce cas.

Enfin, la difficulté devant laquelle échouait la théorie de Condillac se présente de nouveau dans la théorie transformiste. Il y a des instincts que l'expérience ne peut donner : si *l'instinct de conservation*, dès l'origine, n'avait pas prémuni les animaux contre le danger, ils seraient morts ; l'instinct de la nourriture lui est aussi nécessaire, la douleur qui résulte de la privation de nourriture n'indique pas à l'animal qu'il est nécessaire de manger pour la faire cesser.

L'instinct est donc un fait simple, irréductible, résistant à l'analyse ; il faut lui conserver ce caractère et le définir une *prédétermination naturelle de l'activité*, phénomène propre et spécial.

II - L'habitude

L'habitude a souvent été définie une tendance à répéter un acte que l'on a déjà accompli plusieurs fois. Mais cette définition, qui d'ailleurs remonte à *Aristote*, est sujette à plusieurs objections. Tout d'abord, un acte peut devenir habituel sans être répété simplement *en se continuant* ; mais même avec cette correction, la pensée d'*Aristote* peut encore être attaquée. En effet, il est bien vrai que l'habitude est d'autant plus forte que l'acte a été plus souvent répété ; mais un acte seul produit l'habitude ; après une seule production de cet acte, le moi a une tendance à le reproduire. La continuité ou la répétition de l'acte développeront ce germe ; elles ne le constitueront pas. Pour étudier l'habitude en elle-même, et la bien comprendre, il faut donc éliminer ces éléments, pour l'examiner à son état normal, telle qu'elle se produit après un seul phénomène.

Ainsi considérée, l'habitude présente un double caractère ; d'abord, elle est une *faculté de conservation* ; elle fait survivre l'acte qui vient de se terminer, conserve nos efforts antérieurs tout au moins en partie. C'est grâce à elle que le passé n'est pas perdu pour nous. En outre, le fait ainsi conservé *tend à se reproduire* : c'est le second caractère de l'habitude. Elle nous apparaît ainsi comme une sorte de spontanéité.

L'habitude est donc à la fois la faculté qui conserve en nous les actes passés, et la force qui tend à reproduire ces mêmes actes.

On peut remarquer que l'habitude présente, à un degré moindre, presque tous les caractères de l'instinct. Celui-ci est *inconscient* et elle le devient de plus en plus, suivant sa force ; quand elle est très puissante, elle nous fait agir presque aussi inconsciemment que l'instinct lui-même. L'instinct est *parfait* ; l'habitude est bien plus parfaite que l'acte volontaire, car elle nous fait agir avec précision, en nous dispensant de l'hésitation, de la délibération. Seulement, cette perfection immédiate dans l'instinct est dans l'habitude le résultat d'une éducation. L'instinct est immuable. L'habitude assurément peut être modifiée, mais elle y oppose toujours une certaine résistance et d'autant plus grande qu'elle est plus forte. Comme l'instinct encore, elle est *spéciale*, possède un but et un objet précis : ainsi on acquiert l'habitude de faire telle ou telle action, de retenir tel ou tel genre de style et rien que cela. Cette spécialité est moins tranchée que celle de l'instinct, mais tend, quand l'habitude augmente, à le devenir autant.

Mais l'instinct est commun à toute l'espèce, tandis que *l'habitude est individuelle*. Ce caractère distingue bien ces deux facultés. Sauf cela cependant, l'habitude semble tendre à se rapprocher de l'instinct, bien que la ressemblance ne soit jamais complète. On peut comparer ces deux facultés à certaines quantités mathématiques qui se rapprochent de plus en plus, et ne sont pourtant égales qu'à l'infini. Si inconsciente, si parfaite, si immuable, si spéciale que soit l'habitude, elle peut toujours être modifiée par l'action de la volonté ; celle-ci n'est esclave que si elle le veut, et peut toujours reprendre l'empire qu'elle avait momentanément perdu.

L'instinct, c'est la nature parlant et agissant en nous. Puis donc que *l'habitude est un instinct acquis*, on dira à juste titre que l'habitude est une nature acquise, sortie de la volonté, et placée cependant une fois constituée hors du monde des actes volontaires. Pour Spinoza, Dieu est l'unique substance : le monde est Dieu réalisé. Il exprime cette idée par une expression originale : "Dieu est la nature naturante ; le monde, la nature naturée". Nous pouvons nous servir de ces mêmes expressions pour caractériser l'instinct et l'habitude : le premier est la nature "*naturante*", la nature naturelle ; le second, la nature acquise, la nature "naturée".

Nous venons de définir l'habitude. Nous avons maintenant à examiner quelles sont les lois de cette faculté.

Un certain nombre d'études fort importantes ont été publiées sur cette question. Parmi elles, il faut citer comme les plus remarquables le Mémoire sur l'habitude, de Maine de Biran, son premier ouvrage ; la Thèse de M. Ravaisson sur le même sujet. De ces diverses études ressort ce fait : les lois que l'habitude sont au nombre de deux, et s'énoncent ainsi :

1. *L'habitude tend à exalter les phénomènes actifs.*

2. *Elle tend à diminuer l'intensité des phénomènes passifs.*

Lorsqu'un phénomène psychologique est actif, l'habitude l'excite, le rend plus actif encore ; il se reproduit plus aisément, et tend davantage à se reproduire. Au contraire, si le phénomène dont il s'agit est passif, l'habitude l'affaiblira ; elle va même quelquefois jusqu'à en abaisser l'intensité au point de le rendre imperceptible.

Nous allons étudier l'effet de l'habitude sur les différentes facultés de notre esprit.

Sensibilité. Examinons d'abord la partie passive de la sensibilité qui est la faculté d'éprouver du plaisir ou de la douleur. Supposons une impression agréable au premier abord, et qui se répète souvent ; elle finit par devenir indifférente ; l'habitude, dans ce cas, émousse la sensibilité. Ce qui est agréable à un homme de goûts simples, peu habitué aux jouissances, laissera indifférent l'homme blasé, qui connaît trop ce plaisir pour le goûter encore.

Mais ce n'est là qu'une partie de la Sensibilité. Elle a une autre partie, qui est active, et qui se compose des inclinations et des passions ; et de ce côté-là l'habitude l'exalte. Plus nos passions sont satisfaites, plus elles sont exigeantes. Elles veulent toujours aller plus loin, elles demandent d'autant plus qu'on leur accorde plus. Par conséquent, sous l'influence de l'habitude, notre activité sensible devient plus intense.

Intelligence. Notre intelligence est surtout active ; cependant, tout au bas de l'échelle de nos connaissances, il y a certaines d'entre elles qui sont presque entièrement passives. Parmi celles-là, on trouve facilement des exemples de perceptions dont, par l'habitude, nous ne nous rendons plus compte. Ainsi, l'atmosphère pèse sur nous, et nous n'en sentons pas le poids. Si l'on demeure quelque temps dans une salle à une température bien au dessus de la moyenne, on finit par ne plus s'apercevoir que cette chaleur est anormale.

Mais plus souvent l'intelligence est active ; et dès lors, l'habitude exalte les phénomènes dans lesquels elle entre. Plus nous avons l'habitude de nous expliquer les choses, plus cette opération nous devient facile, et plus nous y éprouvons de plaisir ; c'en est d'ailleurs la conséquence. Un élève débute dans les mathématiques ; il éprouve mille difficultés. Mais peu à peu il s'y habitue. Il trouve cette science plus facile, et comprenant plus aisément, y trouve plus de plaisir. Quand pour la première fois, il faut étudier des idées abstraites, on est gêné, fatigué. Mais peu à peu l'on en prend l'habitude, on comprend aisément, et l'on trouve dès lors cette étude plus agréable.

Plus que toute autre faculté de l'intelligence, *la mémoire* dépend de l'habitude : l'habitude, faculté de conservation, forme une grande partie de la première ; aussi l'exercice habituel de la mémoire améliore-t-il facilement les mémoires récalcitrantes, s'il ne peut aller jusqu'à doter de mémoire ceux qui n'en ont pas.

Volonté. Ici, le mot l'indique, point de place pour la passivité. L'habitude agit sur des phénomènes essentiellement actifs : elle ne fera que rendre de plus en plus faciles les mouvements volontaires, et leur donner une tendance plus grande à se reproduire de nouveau.

Ayant ainsi défini l'habitude et déterminé ses lois, nous pouvons rechercher à présent comment nous expliquerons l'habitude.

Nous retrouvons tout d'abord ici une théorie que nous avons déjà vue à propos de l'instinct, et dont l'adepte le plus célèbre est *Descartes*. Cette explication ramène l'habitude à un phénomène purement physiologique. Selon ce philosophe, les esprits animaux suivent dans le cerveau les voies déjà frayées par un passage précédent, et comme ce mouvement est la condition de la pensée et de la volonté, le phénomène se reproduit ainsi.

Mais cette théorie vient échouer devant ces objections : elle explique fort mal la tendance de l'acte à se reproduire. En second lieu, l'habitude, comme l'instinct et d'une manière bien plus visible encore, *dépend de la volonté* ; celle-ci reste toujours maîtresse de ses habitudes, et peut si elle veut, en secouer le joug. Entre l'habitude et la pure volonté, pas de distinction nettement tranchée. L'habitude est donc bien réellement un phénomène psychique.

On a essayé d'assimiler *l'habitude à l'association des idées*. C'est ce qu'a fait, par exemple, *Dugald Stewart*. Ce philosophe a représenté l'habitude comme n'étant autre chose qu'une association de mouvements. De même que les idées qui ont été ensemble présentes à l'esprit ou qui s'y sont succédé s'attirent, de même les mouvements ; l'habitude ne serait dans cette hypothèse qu'une forme de la faculté générale qui consiste en une tendance des différents phénomènes psychologiques placés dans certaines conditions à s'attirer les unes les autres.

Mais l'analyse que nous avons faite des phénomènes de l'habitude montre que cette explication ne rend pas compte de tous les phénomènes que l'on observe dans l'habitude. L'habitude est une *faculté de conservation*, et cette théorie ne rend compte que du phénomène de reproduction : où ont été conservés les actes reproduits ? En outre rien ne prouve que la tendance à la répétition provienne uniquement de l'affinité propre par laquelle les mouvements s'attirent les uns les autres. Une action, même simple, tend à se répéter. L'enchaînement des mouvements les uns aux autres facilite leur reproduction, les rend plus aisés, explique le besoin plus vif de faire l'action habituelle. Mais ce n'est pas là une condition nécessaire de cette tendance.

Puisque ces explications ne peuvent convenir, cherchons-en une qui s'accorde avec notre analyse. Elle se divisera en deux parties : 1) *Conservation* ; 2) *Reproduction* de l'acte accompli.

1. Le premier fait est expliqué par ce principe général que "*tout être tend à persévérer dans son être*". Quand un phénomène a pénétré en nous, est devenu nôtre, nous tendons à conserver notre être ainsi modifié. C'est ainsi que s'explique l'habitude comme faculté de conservation.

2. Pour expliquer la tendance de l'acte à se produire il faut admettre qu'il se développe en dehors de la volonté à la suite de l'acte, une sorte de *spontanéité* irréfléchie. La volonté se fige pour ainsi dire, sur un point, elle détermine l'action une fois pour toute, et par la suite nous dispense d'agir de nouveau.

Ceci explique bien l'exaltation de l'activité ; mais comment cela rend-il compte de l'affaiblissement de la passivité ? Voici comment : Toute affection sensible est un rapport entre un besoin et l'objet qui doit le satisfaire. L'objet reste constant ; le besoin, actif, est excité par l'habitude [O + B = P ; O + B = P ; B + B + O = P + P]. Le plaisir devient donc de moins en moins vif, la sensibilité s'émousse.

Quel est le rôle de l'habitude dans la vie ?

Elle nous permet de *conserver le passé*, ce qui est une condition essentielle du progrès. C'est grâce à elle que nous pouvons aller en avant sans avoir besoin de revenir sans cesse en arrière. Mais ce n'est pas là la condition unique du progrès. Il ne suffit pas de garder ce qu'on possède, il faut encore *acquérir*. Or l'habitude tend à nous maintenir dans le passé ; elle est par essence ennemi du changement, et présente ainsi au progrès un obstacle, qui n'a rien d'insurmontable, mais qu'il faut constater. Il y a à craindre de vivre trop de la vie d'habitude, de se laisser enchaîner par elle et de rester dans l'immobilité. Elle est la condition nécessaire du progrès, mais n'y suffit pas.

III - De la volonté. De la liberté

La volonté est la faculté par laquelle *nous sommes la cause déterminante de certaines de nos action*s ; c'est grâce à elle que certains de nos actes se produisent sous notre impulsion, émanent de nous et de nous seuls.

Pour bien comprendre ce qu'est la volonté, examinons un acte volontaire et ses différents moments.

1. Tout acte volontaire commence par la conception de un ou plusieurs buts à réaliser. Avant de faire quelque chose, nous songeons à une fin à atteindre. Ce premier moment est la *conception du but*.

2. Quand nous avons conçu le but à atteindre, nous cherchons les raisons qui peuvent nous déterminer à agir ou ne pas agir : ce phénomène est la *conception des motifs*.

3. Parmi ces motifs, tous n'ont pas la même valeur. Nous comparons alors les motifs entre eux pour juger quels sont les plus forts ; cette opération est ce qui constitue essentiellement la *délibération*.

4. Nous choisissons un de ces motifs, nous le préférons aux autres, nous nous décidons à agir dans un sens déterminé. C'est la *décision*.

5. La décision prise, il nous reste à l'exécuter au dehors ; la volonté produit son effet. Ce dernier moment est l'exécution ou *l'action*.

Tels sont les cinq moments de l'acte volontaire. Pour qu'un acte mérite ce nom, il faut qu'il passe par ces cinq moments. Sinon, on ne peut le considérer comme réellement causé par la seule volonté, et on doit le rattacher à une autre cause.

La volonté est-elle ou n'est-elle pas libre, telle est la question principale qui domine toute la théorie de la volonté.

Qu'est-ce donc que la liberté ?

Kant définit la liberté, cette faculté qu'a l'homme de *commencer une série d'actions*. C'est là ce qui distingue la volonté. Tandis que le premier terme des séries auxquelles appartiennent les phénomènes physiques nous échappe toujours, la volonté, au contraire, forme le premier terme d'une série. A ce qu'il semble, elle se produit sans être déterminée par aucun fait précédent.

Nous avons donc à voir si réellement la volonté n'est précédée de rien qui la détermine, si elle commence réellement une série.

On distingue généralement deux genres de preuves de la liberté : les preuves directes et les preuves indirectes.

La liberté se prouve directement par *l'idée que nous avons de notre liberté*. Nous n'avons pas pu l'acquérir par le spectacle du monde extérieur puisque tous les phénomènes qui s'y passent sont soumis à un déterminisme absolu. Si nous avons cette idée, c'est que nous nous voyons libres, que nous nous sentons libres, donc nous le sommes.

Mais on a souvent soutenu que cette idée ne nous venait pourtant pas du spectacle de notre moi, et était une construction de l'esprit, une illusion, par conséquent.

Mais alors il faut expliquer comment s'est formé cette illusion. *Bayle* a exposé ainsi la genèse de l'idée de liberté. Il comparait la volonté humaine à une girouette qui aurait conscience de ses mouvements. Supposons que toutes les fois qu'elle désire se tourner d'un côté, le vent l'y pousse. La girouette se croira cause de ses mouvements. Il en est de même de l'esprit humain ; sa prétendue causalité n'est qu'une illusion, et notre volonté ne fait qu'obéir à des circonstances dont nous ne nous doutons pas.

Cet argument suppose d'abord que la *volonté ne diffère pas du désir* ; ensuite que dans la majorité des cas tout au moins, *nos désirs sont réalisés*. Nous allons faire voir que ces deux affirmations ne reposent pas sur des fondements bien solides.

Nous voyons tout d'abord que la volonté est distincte du désir. C'est une confusion que l'on a souvent faite, mais qui n'a rien de légitime. Ce qui distingue bien la volonté du désir, c'est qu'il y a telle chose que nous désirons sans le vouloir : nous pouvons désirer le possible comme l'impossible, l'idéal comme le réel. L'objet du *désir est même l'idéal seul* dans la plupart des cas, a-t-on dit souvent. Le réel n'est désiré par nous que comme ressemblant à l'idéal que nous aimons. La volonté au contraire est enfermée dans le domaine du possible, du réel ; c'est la faculté pratique par excellence : nous ne pouvons vouloir que ce que nous pouvons faire.

En second lieu, nous voulons souvent une chose sans la désirer. Nous sommes décidés quelquefois à faire notre devoir tandis que notre sensibilité désire en secret nous voir échouer. Cette lutte du devoir et de la passion est même un des grands ressorts de l'intérêt dramatique, surtout chez Corneille. Curiace, Chimène en sont des exemples frappants. C'est qu'en effet le désir et la volonté sont des formes bien différentes de notre activité. La volonté est la force dont nous disposons pour maintenir notre individualité. Elle est concentrée en nous ; le désir au contraire s'attache à l'extérieur, fait sortir le moi de lui-même, où la volonté cherche à le retenir. Ces deux phénomènes sont donc bien distincts. En outre, quand bien même on pourrait confondre ces deux idées, la genèse de Bayle ne serait pas légitime, car elle suppose une concordance presque parfaite de nos désirs et des évènements. Or, c'est presque continuellement le contraire qui arrive : combien est petit le nombre des choses désirées que nous voyons se réaliser, et qu'il est rare que les évènements se conforment à nos souhaits !

Spinoza a proposé de cette idée de liberté une autre genèse plus rigoureuse.

Nous avons, dit-il, conscience de nos actions, mais non *des causes* de cette action. Je sens que je remue mon bras, mais je ne sens pas tous les phénomènes organiques dont ce dernier n'est que la conséquence. Cette idée de liberté se réduit donc à la conscience de nos actions, jointe à l'ignorance des causes de ces actions, ignorance qui fait que nous imaginons être cette cause que nous ne pouvons atteindre.

Si toutes les fois où nous ignorons les causes d'un phénomène, nous nous en attribuons la causalité, plus grande serait notre ignorance, plus grande serait notre liberté. Or, la liberté suppose au contraire la pleine conscience, la pleine intelligence des raisons pour lesquelles on agit.

En second lieu, nous ne nous attribuons pas la causalité des phénomènes dont nous ne connaissons pas la cause. Nous savons très bien supporter notre ignorance, et la nature de notre esprit ne nous force pas à combler au hasard les lacunes de notre science.

Puisque les diverses genèses que l'on a tenté de faire de l'idée de liberté ne sont pas valables, nous admettrons comme juste la preuve directe de notre liberté tirée de l'idée que nous en avons, telle que nous l'avons exposée.

Une preuve indirecte de la liberté consiste à montrer que sans elle, on ne pourrait pas rendre compte de certains faits de la vie journalière, des contrats, *des promesses* par exemple. Comment pourrions-nous répondre de nous si ce n'est pas nous qui agissons ?

Il en serait de même de la pénalité civile. Si l'homme n'est pas libre, elle est incompréhensible. Les récompenses ne le seraient pas moins.

Voici enfin la dernière preuve indirecte de la liberté.

Kant établit la liberté en posant d'abord la *loi morale* et en montrant qu'elle n'est possible que si l'homme est libre. Nous ne ferons que mentionner cette preuve, sans nous y arrêter, car nous comptons, dans ce cours, suivre la marche opposée et nous servir de la liberté déjà démontrée pour établir la loi morale.

IV - La liberté et le déterminisme psychologique.

La liberté de notre volonté est soumise à de graves objections :

Plusieurs systèmes ont dit que l'homme n'est pas libre, que tout se passe en lui suivant des lois bien déterminées. De là vient pour ces doctrines le nom de *déterminisme*. On confond souvent le *fatalisme* et le déterminisme. C'est une erreur. Le fatalisme suppose que tous les êtres dépendent d'une volonté supérieure, toute puissante, mais arbitraire et capricieuse. Tel était le fatum antique, le destin mahométan. Ce système aujourd'hui est à peu près tombé. Aussi ne le réfuterons-nous pas.

L'argument essentiel du déterminisme est l'inconciliabilité du libre arbitre et du *principe de causalité*. Tantôt les déterministes ont voulu faire voir cette prétendue contradiction sans sortir du monde intérieur : ils ont cherché alors à nos actions des lois fixes, mais toutes *psychologiques*. Tantôt ils ont fait voir qu'il y avait contradiction entre le principe de causalité tel qu'il est appliqué par les sciences, et de la liberté.

Nous étudierons aujourd'hui le déterminisme psychologique.

Voici une action : je sors. Pourquoi ai-je pris cette résolution ? Parce que ma santé réclamait cet exercice, qu'une occupation m'appelait au dehors. Il y a donc une cause à mon action : c'en est le motif ; le motif a donc entraîné l'action, elle n'est donc pas libre. La liberté n'est qu'une illusion.

Les déterministes résument leur raisonnement dans ce dilemme. Des deux choses l'une :

Ou bien l'acte que l'on prétend libre est *déterminé par un motif,* et il n'est pas libre par conséquent

Ou bien il est *sans cause,* et le principe de causalité est violé.

La seconde hypothèse étant contradictoire, nos actions sont guidées par nos motifs, qui dérivent de notre intelligence, des accidents de la vie, de notre caractère, de nos habitudes. Point de contingence ; les motifs entraînent nécessairement l'action.

Mais, dit-on, il y a des cas où les motifs sont différents, même opposés ; c'est le cas le plus fréquent. Comment plusieurs motifs peuvent-ils n'entraîner qu'une action ?

C'est qu'entre ces divers motifs s'établit une sorte de lutte, de balancement, où le plus fort l'emporte et détermine l'action. Les déterministes résument leur doctrine dans cette comparaison : *Une balance* inclinant du côté où les poids sont les plus lourds ; les poids représentent les motifs, et le fléau la volonté. (Flaubert)

Ainsi, qu'il y ait un motif ou plusieurs, tout se passe mécaniquement dans la volonté. Les motifs produits par notre constitution entraînent nécessairement les actions.

Telle est la doctrine déterministe de *Stuart Mill* et *Leibniz* par exemple.

Pour réfuter cette doctrine on a examiné la question de savoir s'il y avait des *actions sans motif*.

C'est l'opinion de *Reid*. "J'ai dans ma poche vingt guinées, dit-il. Si j'en prends une, pourquoi celle-ci plutôt que celle-là ? Qui fait que quand je me mets en marche, je pars du pied droit plutôt que du pied gauche ? Voilà des actions sans motif."

Supposons que j'aie en main un stylet très aigu placé au milieu d'une ligne ; je dois le placer à l'un des deux points extrêmes de la ligne. Je le mets sur l'un d'eux. Pourquoi l'un plutôt que l'autre ?

Cette liberté est ce que *Reid* nomme la *liberté d'indifférence*.

Mais sans discuter ces exemples, il est impossible d'admettre des actions sans motifs. Une pareille hypothèse est inintelligible.

Et en effet, si je prends une guinée plutôt qu'une autre, cela tient à la conformation des muscles de ma main, à la disposition des guinées dans ma poche. Dans le cas idéal admis par *Reid* il y a une première raison qui détermine : la nécessité de couvrir l'un des points. Après hésitation, l'esprit, par désir d'en finir, se décide pour l'un d'eux, pour celui sur lequel il porte l'attention à ce moment.

Quand bien même on admettrait des actions sans motifs, ce serait une pauvre objection au déterminisme. Si cette théorie était juste, les menues actions de la vie pourraient bien être libres, mais les plus importantes seraient déterminées. On accorderait ainsi aux adversaires la majeure partie de leur thèse. Ce serait admettre que nos actions les plus importantes sont absolument guidées et déterminées.

Jouffroy a donné une nouvelle forme à cette doctrine. Il distingue deux sortes de causes à nos actions : les *mobiles*, qui viennent de la sensibilité ; les *motifs*, qui viennent de l'intelligence. Ainsi, l'amour de nos semblables est un mobile qui nous pousse à faire la charité. Je la fais par devoir, c'est un motif.

Les mobiles sont des forces. On s'explique donc bien qu'ils puissent déterminer la volonté. Mais *les motifs ne sont que des idées*, des états de l'esprit. L'idée est quelque chose de mort, elle n'a pas la puissance d'agir sur la volonté. Si donc il est bien vrai que les actions accomplies sous l'influence des mobiles sont déterminées, celles que produisent les motifs sont libres. Il y a donc des actions libres.

Mais cette doctrine affirme ce qui est contestable, que nous pouvons agir rien que sous l'empire d'une idée. *L'idée ne sollicite pas l'action*. Il y a entre elle et l'activité une abîme qu'elle ne peut franchir seule. Comme le désir, l'idée n'a pas seulement pour domaine le réel : l'intelligence ne peut agir sur la volonté qu'en suscitant des mouvements sensibles qui lui donnent la force dont elle est dépourvue elle-même.

Kant affirme bien que l'homme doit et peut agir uniquement pour accomplir son devoir. On fait son devoir parce qu'on l'aime. *L'idée* seule du bien n'a aucune action sur la volonté.

Un motif doit toujours être doublé d'un mobile. Si donc les actions ne sont pas libres, comme le croit Jouffroy, qui sont déterminées par des mobiles, aucune action ne le serait ; le déterminisme aurait encore gain de cause.

D'après les déterministes, quand un motif nous a paru supérieur aux autres, nous nous décidons nécessairement dans ce sens. On peut accorder ce point à la théorie déterministe : une fois le motif le plus fort trouvé, l'action est déterminée. Mais il n'en résulte pas que nous ne soyons pas libres. Sans doute, une fois la délibération finie, plus de liberté : mais c'est qu'elle ne réside pas entre la décision et l'exécution, mais entre la conception du but et l'élection du motif le plus fort. Une fois que nous nous sommes représenté le but nous avons la faculté de délibérer, et de *faire durer cette délibération* aussi longtemps que nous le voulons. Voilà où est la liberté.

Les déterministes se trompent seulement sur la place de la liberté dans l'acte volontaire. Cette faculté de suspendre l'action est ce qui nous distingue des êtres inférieurs. Les choses ne délibèrent pas ; elles n'ont pas le choix entre les contraires ; l'animal conçoit un but, y va dès lors. Il n'a pas la force d'arrêter son activité, de réfléchir ; l'homme seul peut se contenir, s'arrêter, réfléchir, et choisir.

V – La liberté et le déterminisme scientifique.

Le déterminisme psychologique a tenté de montrer une contradiction entre la liberté humaine et le principe de causalité, appliqué au monde intérieur. Le déterminisme scientifique veut prouver une contradiction du même genre entre la liberté et le principe de causalité, appliqué au monde *extérieur*. En effet, selon cette doctrine, si nous pensons les choses extérieures sous la forme de la causalité, elles se montrent à nous comme composant d'immenses *séries de causes et d'effets* où tout s'enchaîne, chaque terme étant effet par rapport au précédent, cause par rapport au suivant. Supposons que l'homme puisse agir librement. Son action, étant libre, devra changer quelque chose dans le monde extérieur : il faut donc que quelque chose y puisse être changé, qu'il y ait en dehors de nous place pour la liberté. Il faudra que nous puissions troubler, interrompre à volonté ces séries de phénomènes. Supposez en effet que cela soit impossible, qu'il n'y ait nulle contingence en dehors de nous, nos actions extérieures ne sont plus libres, la liberté n'existe pas.

Sans doute, il ne s'ensuit pas immédiatement de là que la liberté n'a aucune réalité, mais seulement qu'elle est refoulée par les choses au fond de la conscience ne peut se manifester par des faits. Elle n'aurait plus qu'une valeur virtuelle. *Nous la possèderions mais nous n'en pourrions rien faire.*

Mais il y a plus. Le déterminisme extérieur n'entraîne pas seulement cette conséquence que la liberté ne peut plus s'accuser au dehors, mais encore qu'elle ne peut pas exister du tout. En effet, les phénomènes *physiologiques* de notre organisme sont déterminés comme tous les autres. Or, sans discuter ici la question de savoir si oui ou non la vie de l'âme a une existence indépendante de celle du corps, c'est un fait constaté par la science que nul phénomène *psychologique* ne peut se produire sans être accompagné d'un phénomène physiologique, tant l'âme est étroitement unie au corps. Mais si la vie organique est soumise au déterminisme, ce qu'on ne peut nier, la vie psychologique qui lui est absolument parallèle, sera aussi soumise à ce même déterminisme.

Ainsi, par exemple, pour qu'une volition ou acte de la volonté se produise, certaines modifications cérébrales sont nécessaires. Mais ces modifications physiques font partie d'une série de phénomènes, sont donc déterminées. La volition qui leur est liée est donc aussi déterminée. Ainsi donc, non seulement il ne peut y avoir de décision librement exécutée, mais pas même de décision libre.

Telle est la théorie du *déterminisme scientifique*.

L'effort le plus vigoureux pour résoudre cette difficulté a été fait par *Kant*.

Ce philosophe admet qu'il y a dans l'homme deux hommes, dans le moi deux moi : l'un est phénoménal, n'a qu'une existence apparente, l'autre est nouménal, substantiel. Voici comment s'introduit en nous cette dualité :

Le *moi* un et réel ne peut se connaître qu'en se pensant sous la forme des principes rationnels, condition de toute connaissance. Il est obligé pour prendre conscience de lui-même, de s'appliquer les formes *a priori* de la sensibilité et les catégories de l'entendement. Mais ces lois de l'esprit ne sont pas plus celles de l'intérieur que celles de l'extérieur ; les phénomènes intérieurs ne sont pas plus dans le temps que les phénomènes extérieurs dans l'espace ; de même pour la causalité. Par conséquent le moi, en prenant conscience de lui-même, se dénature et se transforme. Le moi réel, nouménal, primitif, n'était pas soumis aux principes rationnels. Mais le moi conscient se pense sous la forme du temps, sous le concept de cause. Voilà donc les deux moi formés : il y a un moi qui *est*, mais *n'est pas connu* ; un autre qui *est connu*, mais qui *n'est pas*.

Cette distinction de deux moi permet à *Kant* de résoudre la difficulté qu'oppose à la liberté le déterminisme scientifique. La science suppose le déterminisme ; la morale, la liberté. Telles sont les deux thèses que *Kant* oppose l'une à l'autre : c'est sous cette forme même qu'il conçoit le problème de la philosophie. Tout son système tend à prouver qu'on peut accorder ces deux contradictions, concilier le déterminisme et la liberté. Pour cela, il assigne à la science et à la morale deux mondes différents : le *principe de causalité* règne incontestablement dans le monde *phénoménal*, la *liberté* dans le monde nouménal ; pour les phénomènes, la science est vraie ; la morale ne l'est pas moins pour les noumènes. Le moi apparent est donc bien soumis au déterminisme, mais le moi nouménal est le siège de la liberté.

On peut faire à la doctrine de *Kant* une objection extrêmement grave. Cette doctrine conserve une liberté non point réelle, mais possible. Les actions *de notre vie*, étant purement *phénoménales*, seraient *déterminées*. La volonté, enfermée dans le noumène, ne pourrait en sortir pour influer sur le phénomène. La liberté que *Kant* accorderait à l'homme serait toute métaphysique, virtuelle, stérile. La théorie d'ailleurs est soumise à un certain nombre d'autres critiques fort importantes. Mais celle-là suffit à la réfuter.

Puisque la théorie de *Kant* ne suffit pas à réfuter le déterminisme scientifique, cherchons comment on peut accorder avec le principe de causalité l'existence de la liberté humaine.

Que la science suppose le déterminisme, c'est chose incontestable. Il est certain que les éléments qui composent les séries de phénomènes sont rigoureusement liés en chaînes. Si donc nous pensons les choses uniquement sous la forme de la causalité, nulle contingence, point de liberté.

Mais si la relation de phénomène à phénomène est bien déterminée, il n'en est pas de même du sens où se dirigent les séries ainsi formées. Le principe de causalité ne veut qu'une chose : que les phénomènes s'enchaînent rigoureusement. Mais la fin de chaque série est uniquement déterminée par le principe de *finalité*. Or la nécessité réclamée par ce principe est loin d'être aussi rigoureuse que celle exigée par le principe de causalité. Un même but peut être atteint par bien des moyens différents. Pour aller au même lieu, il est plus d'un chemin. Supposons que la fin des choses soit l'avènement de la liberté : que de moyens il existe de réaliser cette fin ! Il y a plus : la réalisation même de ce but suppose dans les choses une grande part de contingence.

Ainsi donc, l'ordre que réclame le principe de finalité ne suppose pas un déterminisme absolu comme le demande le principe de causalité. Puisqu'il en est ainsi, les buts assignés aux milliards de séries de phénomènes qui traversent le temps et l'espace pourront être remplis de bien des façons différentes. Voilà par où la liberté peut s'introduire dans le monde extérieur, par où peut se produire le changement.

Voilà comment se peuvent concilier le déterminisme scientifique et la liberté.

Bien que le *fatalisme* n'ait plus guère qu'une importance historique, il est nécessaire d'en dire un mot pour compléter la théorie de la liberté. Depuis l'avènement du théisme, le fatalisme se montre généralement sous la forme théologique. Il cherche à montrer une contradiction entre la nature de Dieu et la liberté humaine.

Deux attributs de Dieu ont été représentés comme inconciliables avec notre liberté : ce sont la *prescience* et la *providence*.

1. Si Dieu prévoit tout ce qui se fera, il a prévu de tout temps ce que je vais faire : donc je suis tenu de le faire : je ne suis pas libre par conséquent. Il faut sacrifier la perfection de Dieu ou la liberté humaine ; les fatalistes sacrifient cette dernière.

Cette contradiction vient de ce qu'on a représenté Dieu dans le temps : pour lui il n'y a ni passé, ni présent, ni avenir ; il est dans un perpétuel présent. Il ne voit donc pas "actuellement" ce qui se fera "tout à l'heure" ; il voit éternellement ce que font les hommes. Pas de contradiction par conséquent.

2. Si Dieu peut intervenir dans le cours des choses humaines pour les modifier, il peut à volonté changer notre conduite ; si cela ne supprime pas absolument toute liberté, cela l'atténue du moins beaucoup.

Nous retrouverons cette question en métaphysique, et lui donnerons alors sa solution.

L'objection faite au déterminisme scientifique est sans valeur, elle équivaut à ceci :

Je fixe une planche sur un mur avec deux clous, j'avoue que sa position est invariablement déterminée : mais si j'en mettais un troisième en l'enfonçant après peu pour qu'il ne maintient pas la planche à lui seul, elle deviendrait dès lors librement mobile.